Klaus Markovits

Tiroler Bauernstuben
Bäuerliche Wohnkultur in Nord-, Süd- und Osttirol

Verlag A. Weger

Zur 3. Auflage

Vor drei Jahren erfolgte die Drucklegung zur ersten Auflage des Buches „Tiroler Bauernstuben". Ungebrochen ist die Faszinationskraft des Themas, hat nach zweieinhalb Jahren Marktpräsenz so viele Menschen angesprochen, dass sich der Verlag entschlossen hat, nun mit einer dritten Auflage den Bedürfnissen des Buchmarktes Rechnung zu tragen.
Selbstverständlich erfüllt mich ein großes Maß an Freude, wenn dieser Bildband auf so großes Interesse stößt. Man möge mir gestatten, an dieser Stelle nochmals auf die innere Schönheit des Themas der Tiroler Bauernstube zu verweisen – eine Schönheit, die ihre Kraft aus der Zeitlosigkeit bezieht. In diesem Sinne darf ich dem Leser ein Eintauchen in die Kraft der Bilder wünschen, um in der sich daraus ergebenden Zeitlosigkeit die Eigentlichkeit der Stube zu empfinden.
Viel Lesefreude wünscht Ihnen

    Klaus Markovits

Impressum:

1. Auflage: Juni 2013
2. Auflage: November 2013
3. Auflage: April 2016
© Verlag A. Weger, Brixen
www.weger.net / info@weger.net

Grafik: Monika Siegl
Gesamtherstellung: Druckerei A. Weger, Brixen

Alle Rechte, insbesondere die der Übersetzung, des Nachdrucks, des Vortrages, der Entnahme von Abbildungen, der Funksendungen, der Wiedergabe auf photomechanischem oder ähnlichem Wege und der Speicherung in Datenverarbeitungsanlagen, bleiben auch bei nur auszugsweiser Verwendung vorbehalten.

ISBN: 978-88-6563-075-4

Inhaltsverzeichnis

Geleitwort des Südtiroler Landeshauptmannes Dr. Luis Durnwalder 7
Vorwort 8
Historischer Abriss zur Entwicklung der Bauernstube 9
Grundriss und Bauweise der Häuser und ihr Bezug zur Stube 12
Hölzer in der Stube 13
Die Gestalt gebenden Elemente in einer Stube 15
Der Ofen als Seele der Stube 26

Tiroler Stubenkultur

Stubenkultur in Nordtirol 37

Stubenkultur im Bezirk Landeck 37
Stubenkultur im Bezirk Imst 59
Stubenkultur im Bezirk Reutte 83
Stubenkultur im Bezirk Innsbruck 109
Stubenkultur im Bezirk Schwaz 131
Stubenkultur im Bezirk Kufstein 153
Stubenkultur im Bezirk Kitzbühel 175

Stubenkultur in Südtirol

Stubenkultur im Bezirk Schlanders 195
Stubenkultur im Bezirk Meran 215
Stubenkultur im Bezirk Bozen 235
Stubenkultur im Bezirk Brixen 261
Stubenkultur im Bezirk Bruneck 285

Stubenkultur in Osttirol

Stubenkultur im Bezirk Lienz 307

Anhang

Querschnitte 328
Nachwort 333
Literaturverzeichnis 334

Geleitwort des Südtiroler Landeshauptmannes Dr. Luis Durnwalder

Die Tiroler Stuben bilden das Herzstück eines Bauernhofes. In ihr versammelt sich die Familie zum gemeinsamen Mahl, in ihr spielt sich das gesellige Leben ab. In ihr stehen die Wiegen. In ihr werden auch die Toten verabschiedet. Stuben sind also Räume, die dem Leben gelten. Dem menschlichen Organismus vergleichbar, bilden sie die „Herzkammer" eines Hofes und damit eine Keimzelle unserer bäuerlichen Gesellschaft.

Dem Reiz einer Stube kann sich niemand entziehen. Die Wohligkeit, die von den in der Regel getäfelten Wänden und Decken ausgeht, bestimmt den Charakter dieser Räume. Der Tisch befindet sich in der gut beleuchteten Ecke, zumeist ist es die Süd-Ostecke des bäuerlichen Wohnhauses, ihm diametral gegenüber liegt der Ofen mit der nicht selten anzutreffenden Ofenhöhle, darauf die Ofenbrücke zum gemütlichen Ausruhen oder zum Trocknen der Wäsche. Aber zur Norm gesellt sich auch eine abwechslungsreiche Tradition, so dass es sich bei den Stuben nicht um „fixe Größen" handelt, die keinerlei Abwechslung zuließen.

Stuben im klassischen Sinn gibt es seit der Burgenbauzeit. Die ersten Stuben waren mit einer tonnenförmig gebogenen Decke abgeschlossen, die Wände zuerst in Blockbauweise errichtet. Erst später kam das viel einfachere Vertäfeln der Wände und des Oberbodens auf. Die Formen der Stuben sind vielfältig, so wie es auch dem Charakterreichtum der bäuerlichen Typen entspricht, die immer auch ausgeprägte Individuen sein durften. Keine Stube ist ein „Abziehbild" einer anderen, jede vermittelt den Anspruch behaglichen Wohnens, der auch in Zeiten großer Sparsamkeit immer auch als ein solcher empfunden wurde.

Die Entwicklung der Stuben in den einzelnen Landesteilen Tirols nun vorgestellt zu bekommen, bedeutet einen schätzenswerten Beitrag zur bäuerlichen Wohnkultur unserer Landesteile zu liefern. Beim Durchblättern des Buches wird klar, dass es regionale Vorlieben in der Gestaltung gibt, dass es zu Besonderheiten kommt, die im Handwerklichen liegen. Besonders aufschlussreich ist die Vielfalt der Ofenformen, die gemauert oder verkachelt sein können. Aufschlussreich sind auch die vielen Details der geschnitzten Ornamente, die nicht selten die Vorlagen der bürgerlichen, oft auch der adeligen Wohnkultur nachahmen. Damit steht die Stube als Wohnraum immer auch im Dialog zu den Vorlieben und den jeweiligen Gebräuchen einer Epoche. Historisches Bewusstsein äußert sich nicht zuletzt in der fachgerechten Erhaltung der Stuben. Zahlreiche bedeutsame Stuben sind in den letzten Jahrzehnten unter Anleitung der Denkmalämter restauriert oder wiederhergestellt worden. Der Aufwand einer solchen zeigt am Ende das lohnende Ergebnis: Man kann ruhig sagen, dass es immer auch zum Stolz eines Hausherrn gehört, in seine Stube zu laden. Darin zeigt sich der deutlich spürbare Sinn Tirolischer Gastfreundschaft und guter Nachbarschaft. Ob es ein gewitztes „Karterle" oder ein Glas Wein sind, die am Stubentisch zusammenführen, es sind immer Momente menschlicher Kommunikation und persönlichen Austauschs. Insofern kann geradezu von einem „Erlebnis Stube" gesprochen werden. Nicht selten vertiefen lange Stubenabende den Sinn tief empfundener Freundschaft zwischen Nachbarn und Gästen. Und es wäre vielen zu wünschen, den Reiz bäuerlichen Wohnens und auch bäuerlicher Kurzweil als Entspannung zum oft harten Arbeitstag kennen zu lernen.

Ich danke dem Autor Klaus Markovits für den vorzüglichen Bildband, der verstärkter als es andere getan haben sich nicht nur der Stube als ganzer, sondern auch den vielen Details zuwendet, die als Zeugnisse einer vergangenen Zeit zu sehen sind. In ihnen allen liegt der Charakter guter Erinnerung an Familienmitglieder, an Frömmigkeitspraxis, an den Sinn für Dekor und Schmuck. So trifft man beim Durchblättern des Buches auf viele Einzelheiten, die es ja nicht nur einmal gibt, sondern die gewissermaßen zu einer ausgeprägten Tiroler Stubentradition dazugehören. Dazu gehören die Jagdtrophäen genauso dazu wie Kuhglocken, Schnitzereien oder Zinngefäße.

Dem vorliegenden Buch wünsche ich zahlreiche interessierte und neugierige Betrachter. Es erschließt sich nämlich vorwiegend im Bild, das die emotionale Kraft des Wohnraumes der Stube bestens zu vermitteln weiß.

—Dr. Luis Durnwalder—

Vorwort

Meine Verbundenheit mit dem heimatlichen Raum hat mich dazu veranlasst, mich über Jahre hinweg intensiv mit dem Tiroler Bauernhaus bzw. der damit verbundenen Wohnkultur auseinanderzusetzen. Die emotionale Bindung, gepaart mit einer Art naiver Entdeckungsfreude im Allgemeinen, ließen – ob der vielfältigen Eindrücke – in mir den leidenschaftlichen Wunsch entstehen, eine transalpine, tirolweite Zusammenschau über die Einmaligkeit dieses kulturellen Erbes zu erarbeiten. Auf Grund des konzentrierten Erhebens nahm die subjektive Vorstellung vom Stubenbegriff sehr rasch konkrete Gestalt an, offenbarten sich doch Anlage und Ausgestaltung der Stube immer wieder aufs Neue je nach Region unterschiedlich. Als ursprünglich einzig heizbarer Raum im Bauernhaus unterscheidet sich die Stube anhand der Merkmale „beheizbar" und „repräsentativ" von allen anderen Räumen deutlich. Die Besonderheit der Stube offenbart sich vornehmlich aus dem Beziehungsgefüge zwischen Herrgottswinkel und Stubenofen. Ist es der Herrgottswinkel, der mit seinem symbolischen Memento Mori die verdrängte Seite menschlichen Lebens anspricht, so strahlt der Ofen jene Wärme und Geborgenheit aus, die die Stube zum Mittelpunkt familiären Lebens, zu einem Ort der Begegnung macht. Das jahrhundertelange Streben nach Autarkie, aber auch das demütige Wissen, besonders im „Land im Gebirge" unberechenbaren Naturgewalten ausgeliefert zu sein, hat seinen Niederschlag in der Formenwelt der Bauernstube gefunden, die von Schlichtheit, Praktikabilität und Eleganz getragen ist. Die Regionalität einer Stube definiert sich, außer über den Stubenofen, nur selten über eine gänzlich andere Form, sondern hauptsächlich über die Verwendung unterschiedlicher Hölzer bzw. Materialien, folgt weitgehend pflanzengeographischen oder klimatologischen Gegebenheiten. Beide kommen beispielhaft in der klassisch ungetäfelten Stube des Weinbauerngehöftes oder in der traditionell zur Gänze getäfelten Stube des Bergbauernhofes zum Ausdruck. Tatsächlich kann man von einer großen Kontinuität im Erscheinungsbild der Tiroler Stube sprechen, einer Kontinuität, die ihre Belebung, ihre Variation durch zumeist anonyme künstlerische Hand erfahren hat. Vergleicht man Stuben aus unterschiedlichen Jahrhunderten, so fallen die Unterschiede, abgesehen von der fundamentalen künstlerisch-handwerklichen Einteilung in eine gotische, eine Renaissance- oder eine Barockstube, grundsätzlich gering aus, musste doch jede Stube dem obersten Grundsatz der Zweckmäßigkeit genügen. Jede künstlerische Gestaltung im Sinne von „à la mode" hat ihre Berechtigung, bringt Abwandlungen hervor, behauptet immer wieder aufs Neue, einen gänzlich anderen Weg zu beschreiten. Doch sämtliche Veränderungen, wie sie sich auch immer gezeigt haben mögen, sind von untergeordneter Bedeutung, fügen sich, auf die Gesamtheit der Tiroler Bauernhäuser bezogen, nahtlos in den zeitlosen Strom bäuerlicher Ästhetik ein. Dem objektiven Bild der Stube entspricht natürlich auch die subjektive menschliche Sehnsucht nach Geborgenheit, nach Freiheit und Unabhängigkeit, nach Würde, deren Erfüllung man – zumindest in ästhetischer Hinsicht – in der Tiroler Bauernstube finden kann. Möge der vorliegende Bildband dem Leser anhand der Bilder und Texte den Schlüssel zu einem tiefergehenden Verständnis des „Landes im Gebirge" in die Hand geben, mögen die Stuben als Abbilder einer jahrhundertelangen Geschichte in das Bewusstsein des Lesers treten, in deren Verlauf die Bewohner all ihre Fähigkeiten, Begabungen und ihre Beharrlichkeit dafür einsetzen mussten, um ein ursprünglich raues Alpenland bewohnbar zu machen; gleichzeitig spiegeln sie den Ideenreichtum, die Kreativität und Lebensfreude der Tiroler wider.

Historischer Abriss zur Entwicklung der Bauernstube

Das Erscheinungsbild der Tiroler Bauernstube wird auch in der Moderne als höchste Ausdrucksform alpiner Wohnraumgestaltung gewissermaßen als „immer gegeben" betrachtet. Dennoch war es ein weiter Weg zu dieser so großartigen künstlerischen Raumgestaltung. An dieser langen Entwicklung waren viele Generationen beteiligt, die nach und nach das schufen, was man auch heute noch mit berechtigtem Stolz als die Tiroler Stubenkultur bezeichnet.

Im Gegensatz zur „Kammer" ist die „Stube" auch ohne wissenschaftliche Definition immer mit „Wärme" und „hohem Wohnkomfort" verbunden. Von woher nun das althochdeutsche Wort „stuba" stammt, konnte bislang noch nicht sicher eruiert werden. Fest steht, dass es sich im gesamten alpenländischen Kerngebiet nachweisen lässt, und zwar im Ladinischen mit „stua", im Rätoromanischen mit „stuva", im Wallis mit „stupa", im Italienischen mit „stufa" und im Französischen mit „étuve". Die bisher älteste urkundliche Erwähnung des Wortes „Stube" scheint im Testament des Bischofs Tello von Chur aus dem Jahre 766 auf, in dem dieser seine Güter dem Kloster Disentis in Graubünden vermacht. Unter anderem schreibt er, dass zu den Liegenschaften auch ein Haus gehöre, das „stupa" und „coquina" besitze. Aufgrund der eigens angeführten Erwähnung scheint die Trennung in „Küche" und „Stube" im 8. Jahrhundert somit eine Besonderheit gewesen zu sein. Offenbar wurde also bereits im Hochmittelalter im alpinen Bauernhaus diese Trennung vollzogen und damit der Grundstein zu einer immer ausgefeilteren Wohnkultur gelegt. Im „grauen Dunkel der Vorzeit" weist jedoch nichts darauf hin, dass mit dem Begriff „Stube" ganz automatisch „beheizbar" und „rauchfrei" gemeint gewesen wäre – wie Joachim Hähnel in seinen Ausführungen darlegt. Denken wir auch an die in der Steiermark und in Kärnten noch Anfang des 20. Jahrhunderts anzutreffenden Rauchstuben, so sehen wir, dass sich das Attribut „rauchfrei" auf den Kernraum des Alpengebietes beschränkt.

Das Wort „Stube" bedeutet ursprünglich lediglich einen aus Holz konstruierten Raumwürfel.

Wie bereits einleitend erwähnt, vollzog sich die Entwicklung zur eigenständigen Stube durch die Abtrennung von der Küche, ist ihre Ausprägung an das sogenannte Zweiraumhaus mit Hintereinanderstellung von Küche und Stube gebunden. Sowohl Hermann Wopfner als auch Martin Rudolph-Greiffenberg geben den Seitenflurgrundriss, der auch heute noch in weiten Teilen Tirols in unterschiedlicher Dichte nachweisbar ist, als den Ausgangspunkt der alpenländischen Bau- bzw. Stubenentwicklung im Mittelalter an.

Drei grundlegende Konstruktionsprinzipien lassen sich nun, wie Martin Rudolph-Greiffenberg in seinen Ausführungen darlegt, beim alpenländischen Stubenbau verfolgen:

Als älteste Form gilt der Blockbau, der ohne stehende Bauglieder sein Auslangen findet, an dessen Eckpunkten die waagrechten Bauglieder zusammenlaufen bzw. die Kanthölzer überkämmt werden. In jenen Gebieten, in denen der Holzbau gebräuchlich ist, wurde dieses beim Hausbau übliche Konstruktionsprinzip auch auf die Stube übertragen.

Blockbau, Gemeinde Kirchberg

Die zweite Möglichkeit ist der Bohlenständerbau, der in Tirol zwar eine untergeordnete Rolle spielt, sich aber dennoch partiell immer wieder belegen lässt. In seinem Falle werden die Bohlen waag-

Bohlenständerbau, Gemeinde St. Lorenzen

recht in die ausgenuteten Ständer eingeschoben, es entsteht das Bild einer „gemächlichen", in die Breite gezogenen Stube, das heißt, es wird klar zwischen tragenden und füllenden Baugliedern unterschieden.

Die dritte und wichtigste Form des Stubenbaues stellt der Stabbau dar, dessen Konstruktionsprinzip dem des Bohlenständerbaues gleicht. Nur werden beim Stabbau statt der horizontalen senkrecht stehende Bohlen unterschiedlicher Breite zwischen die Ständer eingespannt.

So entsteht ein Bild des Nach-oben-Strebens, das uns jenes Gefühl von Mächtigkeit und Bauernstolz vermittelt, das uns bis heute beim Betreten einer Stube erfasst. Diesem vertikalen Konstruktionsprinzip folgen Zimmermann, Tischler bzw. Bauer seit der Neuzeit bis heute.

Parallel zum Konstruktionsprinzip der Stubenwände hat sich auch das der Decken unterschiedlich entwickelt. Als Urform gilt eine satteldachförmige Decke, gefolgt von einer gewölbten Bohlenbalkendecke und von einer Flachdecke, die entweder ebenfalls in Bohlenbalkenform oder nach dem Prinzip der Leistenvertäfelung ausgebildet ist.

Flachdecke, Gemeinde Hart

Stabbau, Gemeinde Montan

Die Stuben, denen man heutzutage in der Tiroler Hauslandschaft begegnet, widerspiegeln vorwiegend den Bestand der letzten 300 Jahre; vor allem bei Stuben jüngeren Datums stößt man auf eine beträchtliche Zahl teilvertäfelter Stuben. Dennoch bildet die zur Gänze getäfelte Stube auch in der Moderne immer noch eindeutig das Kernelement der Tiroler Stubenkultur.

Egal um welches Konstruktionsprinzip es sich bei einer Stube bzw. der Stubendecke handelt, das Wesen der Stube definiert sich zeitlos gültig durch folgende Kriterien:

Die Stube gilt grundsätzlich immer als Wohn- und nicht als Schlafraum. Als rauchfreier Raum wird sie immer von außen – entweder vom Flur oder von der Küche aus – beheizt.

Rund um den Ofen finden sich entweder eine Ofenbank, ein Ofengestell oder eine Ofenliege. In jedem Fall bleibt die Stubenmitte frei, sodass sich eine besonders intensive künstlerische Ausgestaltung der Stubendecke geradezu anbietet. Der große Stubentisch steht immer eckseitig zwischen den Fenstern.

Stubenwände und -decken sind aus Holz gefertigt; die entlang der vier Seitenwände geführten Wandbänke bilden die Sitzgelegenheit für die bäuerliche Großfamilie.

Die heutigen Bauernstuben weisen diese Kennzeichen im Großen und Ganzen auf, dennoch gibt es gewisse Einschränkungen:
Primär durch die industrielle Entwicklung wurden die Öfen nach und nach allgemein verkachelt. Diese neuen Öfen halten etwa ab Mitte des 19. Jahrhunderts auch ins Tiroler Bauernhaus langsam Einzug, und mit ihnen werden auch Vorderladeröfen in der Stube eingebaut. Parallel dazu gehen Ofengestell und Ofenliege zurück. In den Jahrzehnten vor dem Ersten Weltkrieg entsprach es hauptsächlich im urbanen Umfeld dem Zeitgeist, Stuben teilvertäfelt zu gestalten.

Gewölbte Bohlenbalkendecke, Gemeinde Jenesien

Grundriss und Bauweise der Häuser und ihr Bezug zur Stube

Der Grundriss eines Hauses wirkt sich zwar im Allgemeinen auf dessen innere Organisation aus, für die Stube, den Fixpunkt in jedem Bauernhaus, gilt das jedoch kaum. Der Hausgrundriss bestimmt einzig und allein die Stubengröße und die genaue Positionierung des Stubenofens. In jenen Gebieten, in denen Seiten- und Eckflur- bzw. Flurküchenhäuser überwiegen, finden sich relativ kleine Stuben. Bei Häusern mit Mittelflurgrundriss ist die Stube größer. Die selten anzutreffende raummittige Lage des Stubenofens ist ausschließlich an den Mittelflurgrundriss gebunden. Öfen, die zur Gänze ins Eck gesetzt wurden und somit eine Kammerwärmewand entstehen lassen, kommen hauptsächlich bei Eckflurhäusern, seltener bei Mittelflurhäusern vor. Lediglich bezüglich der Schürrichtung, also ob küchen- oder flurbeschürt, lassen sich bestimmte „Präferenzen" feststellen, wobei sich in der Praxis, vor allem bei Häusern mit einem Mittelflurgrundriss, immer wieder gegenteilige Beispiele belegen lassen.

Das Verhältnis Küchen- zu Flurbeschürung schlägt in Nordtirol mit 55% zugunsten der Küchenbeschürung aus, in Südtirol sind es sogar 63%, also höhere Werte als in Nordtirol. Was die Bauweise betrifft, so übt sie keinen entscheidenden Einfluss auf die Stubenkultur aus. In jenen Gebieten, in denen die Holzbauweise überwiegt, fällt auf, dass die Ofenhälse generell etwas länger ausgeführt sind.

	Nordtirol	Südtirol
Eckflurhäuser	11,56%	9,52%
Seitenflurhäuser	12,36%	12,69%
Mittelflurhäuser	56,28%	55,55%
Stichflurhäuser	0,21%	4,23%
Mittertennbauten	7,98%	4,23%
Durchfahrtshäuser	1,81%	1,05%
Saalhäuser	0,00%	9,52%
Realgeteilte Häuser	9,70%	3,17%

Sowohl in Nord- als auch in Südtirol lassen sich einige wenige Stubenöfen belegen, die nach dem Vorderladerprinzip beschürt werden. Sie stammen aus dem letzten Viertel des 19. Jahrhunderts und sind allesamt verkachelt. Bevorzugt werden dabei Kammeröfen aus dem eigenen Haus in die Stube versetzt.

Eckflurhäuser	Küchenbeschürung
Seitenflurhäuser	Küchenbeschürung
Mittelflurhäuser	Flurbeschürung, Küchenbeschürung
Stichflurhäuser	Küchenbeschürung
Mittertennbauten	Küchenbeschürung
Durchfahrtshäuser	Küchenbeschürung
Saalhäuser	Flurbeschürung, Küchenbeschürung
Realgeteilte Häuser	Flurbeschürung, Küchenbeschürung

Hölzer in der Stube

Egal ob eine Stube teilweise oder ganz vertäfelt wurde, allemal prägt bereits das verwendete Holz grundlegend ihren Charakter. Prinzipiell finden nur vier Hölzer in der Tiroler Stube Verwendung, und zwar die Fichte, die Lärche, die Föhre und die Zirbe; in seltenen Fällen lassen sich auch aus Tannenholz gebaute Stuben belegen. Bestimmt wird die Auswahl einer Holzart weitgehend von den naturräumlichen bzw. pflanzengeografischen Gegebenheiten vor Ort. Sehr plakativ formuliert, kann man die Zirbe als inneralpines und die Fichte als rand- und zentralalpines Holz bezeichnen. Dementsprechend präsentiert sich auch die Verteilung der beiden für den Stubenbau wichtigsten Holzarten. Der Laie verknüpft mit dem Begriff „Stube" zumeist die Zirbe. Grundsätzlich auch nicht falsch, wie die nachstehende Statistik belegt:

	Nordtirol/ Wald	Nordtirol/ Stube	Südtirol/ Wald	Südtirol/ Stube
ZI	2,5%	35,84%	5,6%	40,40%
FI	62,7%	52,68%	60,5%	54,32%
FÖ	5,1%	8,06%	9,8%	4,12%
LA	8,1%	3,58%	18,3%	2,06%
TA	3,4%	1,79%	2,8%	0,00%

Tirol

Nimmt man allerdings eine Stube genauer unter die Lupe, so erkennt man, dass das Spektrum an insgesamt verwendeten Hölzern wesentlich größer ist. Mehrere gängige Kombinationsmöglichkeiten lassen sich in der Tiroler Bauernstube belegen, wobei bei der Auswahl technische und ästhetische Gründe eine wesentliche Rolle spielen. Die häufigsten Kombinationen sind

– Fichte/Lärche (Getäfel/Stubensockel)
– Zirbe/Fichte (Getäfel/Profile)
– Fichte/Zirbe (Getäfel/Decke)
– Föhre/Lärche (Getäfel/Stubensockel)
– Föhre/Fichte (Getäfel/Profile)
– Zirbe/Lärche (Getäfel/Profile)

wobei kein Anspruch auf Vollständigkeit erhoben wird.

Eher seltsam mutet die Kombination Zirbe/Apfel an, die im Zillertal ermittelt werden konnte. Dazu passt auch die Erzählung eines heute 84-jährigen Bauern aus dem mittleren Inntal, der unmittelbar nach dem Zweiten Weltkrieg gemeinsam mit seinem Vater den Neubau der Stube vorgenommen hatte. Sie verwendeten drei unterschiedliche Hölzer: Lärchenholz für den Unterbau, Föhrenholz für die komplette Täfelung und Fichtenholz für die Profilleisten. Das Mobiliar gestaltete ebenfalls der Bauer selbst. Die verarbeiteten Hölzer stammten wiederum alle aus seinem Besitz: Die Tischplatte besteht aus Eschenholz, die Intarsien aus Zwetschke und Kirsche. Der zweite Stubentisch ist komplett aus Lärchenhölzern gezimmert. Somit fanden bei diesem Stubenbau insgesamt sechs unterschiedliche Holzarten Verwendung.

Bestanden günstige Verkehrsverbindungen zu den angestammten Zirbengebieten und besaß der Bauherr genügend Kapital, hat man sich auch in jenen Regionen, in denen die Zirbe nicht unmittelbar verfügbar war, für den Bau einer Zirbenstube entschieden. Beispiele dafür sind die prächtigen Stuben im Überetsch, aber auch entlang der westlichen Inntalschiene. Vor allem bei einem übertragenen Stubengetäfel trifft man überdurchschnittlich häufig auf Zirbenholz.

Die Fichte

Der wichtigste Tiroler Baum – das geht aus der Statistik klar hervor – ist die Fichte, die in der montanen Stufe ihr natürliches Verbreitungsgebiet hat und darüber hinaus auch noch als beliebter Nutzbaum zusätzlich angepflanzt wurde. In beiden Landesteilen als Stubenholz klar dominierend, ist sie im gesamten Raum Tirol mehr oder minder überall verfügbar. Eine gewisse Schwerpunktbildung ergibt sich im randalpinen Bereich und im Nordtiroler Unterinntal.

Die Zirbe

An zweiter Stelle hinsichtlich der verwendeten Stubenhölzer steht die Zirbe, die ihr natürliches Verbreitungsgebiet in der subalpinen Stufe hat. Sie kann als inneralpines Stubenholz schlechthin bezeichnet werden. Somit ergeben sich in den klassischen inneralpinen Tallagen beidseits des Alpenhauptkammes Spitzenwerte von bis zu 100%, nimmt die Zirbe eine Monopolstellung beim Stubenbau ein.

Außerhalb des zentralen Hauptkammes spielt die Zirbe vor allem im weiteren Umfeld der Dolomiten eine größere Rolle. Ein bemerkenswertes Beispiel für die Wertschätzung, die man dem Zirbenholz entgegenbringt, darf an dieser Stelle erwähnt werden: Nach Auskunft der Forstinspektion Landeck beträgt der in ihrem Rajon gelegene Anteil an Zirben lediglich 4%, hingegen beträgt der Anteil an Zirbenstuben im Paznauntal satte 100%, immerhin im Landecker Becken auch noch rund 50%. Daran lässt sich sehr schön erkennen, welchen berechtigten Wert man der Zirbe als Stubenholz beigemessen hat.

Zirbe und Fichte bilden mit rund 90% der verwendeten Hölzer das klare Rückgrat der Stubenkultur in Nord- und Südtirol. Verbleiben noch drei weitere Hölzer, die Erwähnung verdienen: die Lärche, die Föhre und die Tanne. Findet man die ersten beiden immer wieder in Form unregelmäßiger Einsprenkelungen, so lässt sich das Tannenholz als Stubenholz ausschließlich in der Region der Unteren Schranne (Bezirk Kufstein) belegen, dafür allerdings durchwegs bestandsbildend.

Zirbenholz, Gemeinde Sterzing

Die Gestalt gebenden Elemente in einer Stube

Voraussetzungen

Zur Möblierung der Tiroler Bauernstube schreibt Helmut Nemec in seiner „Alpenländischen Bauernkunst", dass hier ein Möbelbestand geschaffen worden sei, der „in seiner kulturellen Eigenständigkeit, Höhe und Ausdruckskraft beispiellos dasteht." Dass sich in Tirol eine außergewöhnlich hohe Stubenkultur entwickeln konnte, ist auf zwei Tatsachen zurückzuführen: nämlich die Kenntnis der Sägetechnik und die Kenntnis des Ofenbaues, die ihren Ursprung in den Rätischen Alpen der Ostschweiz hat. Ermöglicht erst die Sägetechnik ein umfassend professionelles Arbeiten mit dem Baustoff Holz, so bedeutet das Beheizen der Stube in Form eines (ursprünglich) gemauerten Ofens, dass die Stube rauchfrei war. Beide Fakten dürfen für sich in Anspruch nehmen, die Grundlage für eine einmalige Wohnkultur zu bilden, die ihre hauptsächliche Ausprägung in der Ostschweiz und in den westlichen Bundesländern Österreichs erfahren hat. Erst die Rauchfreiheit der Stube erlaubte es, Möbel in umfassenderer Art und Weise zu bemalen. Die bereits erwähnte Kenntnis der Sägetechnik, die in Tirol seit Jahrhunderten hoch entwickelt ist, stellt nicht nur für den Stubenbau an sich eine Voraussetzung dar, sondern ermöglicht es auch, Möbel, Deckenmedaillons oder Teile des Getäfels mit Intarsien zu versehen.

Sind die allgemeinen Merkmale einer Stube, die auf den folgenden Seiten dargelegt werden, sehr schnell aufgezählt, so ist es doch schwer, klar unterscheidbare Merkmale festzulegen, die die einzelnen Regionen voneinander unterscheiden. Als übergeordnete Leitlinie kommt in diesem Fall nur der Stubenofen in Betracht. Ihn kann man tatsächlich bestimmten Gebieten zuordnen. Mit dieser Begründung findet sich auf den folgenden Seiten ein eigenes Kapitel, das dem Stubenofen in seiner ganzen Bandbreite gewidmet ist. Wenn der Leser nun glaubt, dass eine Änderung der Ofenform auch ein anderes Erscheinungsbild der Stube an sich bedeutet, so stimmt dies nicht. Am ehesten ist es noch die Stubendecke, die hinsichtlich ihrer Bauweise bzw. ihrer künstlerischen Ausgestaltung zu einer weiteren Klassifizierung herangezogen werden kann.

Grundsätzlich gibt es in der Tiroler Bauernstube ein zahlenmäßig beschränktes Mobiliar. Hauptsächlich deswegen, weil die Diagonale zwischen dem Ofen einerseits und Herrgottswinkel bzw. dem Stubentisch andererseits bereits eine gewisse Vorgabe bedeutet, die nicht mehr allzu viel Freiraum für eine weitere Gestaltung lässt. Denkt man an die umlaufenden Bänke in der Stube, aber auch an die vielfach vorhandenen Durchreichen, engt sich der Spielraum nochmals ein. Somit verbleiben zur weiteren Ausgestaltung der Stube das unmittelbare Umfeld des Ofens, die in das Stubengetäfel integrierten Kästen und Kästchen, Kredenzen und Kommoden, Wandklapptische und Uhrkästen.

Welche Bestandteile eine Stube ausmachen

Die raumspezifischen Ofenformen wirken sich unterschiedlich auf das unmittelbare Umfeld des Stubenofens aus. Diesem drücken besonders drei Elemente ihren Stempel auf, und zwar
– die Ofenstiege
– die Ofenliege zusammen mit dem Ofengestell
– das Ofengestänge

Die Ofenstiege

Ofenstiegen spielen in der landesweiten Zusammenschau nur eine untergeordnete Rolle, wiewohl sie in bildlichen Darstellungen aus dem 19. Jahrhundert immer wieder vorkommen und somit als eng zum Bauernhaus bzw. zur Stube dazugehörig empfunden werden. Der Schwerpunkt liegt eindeutig in den drei Nordtiroler Westbezirken Landeck, Imst und Reutte und auf Südtiroler Seite vor allem im oberen Vinschgau. Sämtliche Teilregionen weisen einen erheblichen Anteil an realgeteilten Bauernhäusern auf, bei denen Ofenstiegen – je nach Art der Teilung

– häufiger vorkommen als bei nicht realgeteilten Häusern. Umgekehrt sind Ofenstiegen aber nicht zwingend an realgeteilte Objekte gebunden.

Ofenstiegen können ganz unterschiedlich gebaut sein. Sie bestehen zum überwiegenden Teil aus Holz und sind dabei entweder als offene – wie bei der klassischen Ofenstiege üblich – oder als verkleidete Stiege gefertigt. Manche offenen Ofenstiegen verbreitern sich nach oben hin, sodass man von einer konischen Stiegenform sprechen kann.
Sehr selten begegnet man Ofenstiegen aus Stein bzw. aus Mauerkränzen, über die man ebenfalls die im ersten Stock gelegene Kammer erreichen kann.
Platziert ist die Ofenstiege am häufigsten zwischen dem Ofen und der innenliegenden Wand zum Flur; bei dieser Art der Ausführung verliert der Bauer allerdings das wärmste Plätzchen hinter dem Ofen.
Die zweite Möglichkeit besteht in einem Einbau der Ofenstiege quer zur Schürrichtung. In diesem Fall beginnt die Stiege ebenfalls auf der Ofenbank und führt über den Ofenhals direkt nach oben.

Ofenstiege, Gemeinde Schönwies

In Ausnahmefällen werden Ofenstiegen auch über Eck geführt. D. h., dass der Benutzer zuerst den Freiraum zwischen Ofen und innenliegender Wand betritt, um anschließend in einem Winkel von 90 Grad auf die Ofenstiege zu gelangen.

Um sich ein größeres Maß an Sitz bzw. Liegemöglichkeiten hinter dem Ofen zu erhalten, hat man nach oben in die Kammer führende Stiegen in einem anderen Eck der Stube angelegt – man kann in diesem Falle allerdings nicht mehr von einer klassischen Ofenstiege sprechen, wiewohl sie denselben Zweck zu erfüllen hat. Diese Stiegen sind nicht offen konstruiert, sondern zur Gänze verkleidet. Die Ofenform selbst übt nur einen untergeordneten Einfluss auf das Vorhandensein einer Ofenstiege aus.

Ofenliege und Ofengestell

Die Ofenliege ist meist quer zur Schürrichtung des Ofens eingebaut, bzw. man orientiert sich – bei einer Bohlenbalkendecke – am Verlauf der Balken. Die Bretter werden normalerweise längs in die Ofenliege eingehängt, um ein bequemeres, d. h. weicheres Liegen zu ermöglichen. Die Wangen der Kopfbretter der Ofenliegen sind mitunter kunstvoll geschnitzt.
Ofenform und Ofenliege stehen in einem bestimmten Verhältnis zueinander.
Bei niedrigen blockförmigen Öfen (man konnte sich somit gleich auf den Ofen legen) und bei grundsätzlich hoch ausgeführten Ofenformen (Zylinder, Oktogon und Konus) finden sich keine Ofenliegen. Das Hauptverbreitungsgebiet der Ofenliegen entspricht weitgehend dem Verbreitungsgebiet des halbtonnen-förmigen Stubenofens, umfasst also den inneralpinen Bereich Nord-, Ost- und Südtirols und erstreckt sich bis in das Bozner Unterland. Auch in den formenreichsten Gebieten des Oberen Gerichts und des oberen Vinschgaus sind Ofenliegen anzutreffen.

Zusammen mit der Ofenliege ist immer das Ofengestell als Unterbau zu erwähnen, finden sich doch überwiegend immer beide Komponenten im Umfeld des Ofens. Grundsätzlich dient das Ofenge-

Ofenliege, Gemeinde St. Martin in Thurn

stell entweder als Aufbau für die Ofenliege, oder es soll ausschließlich den Wärmesuchenden vor Verbrennungen schützen; im letzteren Fall ist es entweder sehr niedrig gehalten, oder es umschließt den Ofen komplett. Natürlich kann es auch beide Funktionen erfüllen.

Je nach Konstruktionsprinzip weist ein Gestell zwischen einem und vier Ständer auf; bis zu sechs quer verzapfte Riegel verbinden sich mit den Ständern und verleihen so dem Gestell Stabilität. Sie sind in der Regel an allen Seiten auf gleicher Höhe befestigt, selten findet man sie versetzt vor. Zusätzlich wird manchmal knapp oberhalb der Ofenbank ein Brett zwischen den Ständern angebracht, das entweder direkt am Feuerraum des Ofens montiert oder mit den Pfosten verbunden ist, um den Wärmesuchenden vor zu großer Hitze zu schützen.

Profilierungen an Ständern und Riegeln sind generell üblich, Kerbschnitzereien kommen seltener vor.

Normalerweise werden Ofengestell und Ofenliege aus derselben Holzart gearbeitet wie das Stubengetäfel. Ausnahmen bestätigen diese Regel, etwa wenn das Ofengestell in einer Lärchenstube aus Lindenholz gefertigt ist, weil es sich leichter schnitzen lässt.

Künstlerisch gesehen kommt dem Abschluss der Ständer, die häufig mit einem gedrechselten Knauf versehen sind, die größte Bedeutung zu.

Das Ofengestänge

Eine sehr einleuchtende Begründung für das Vorkommen des Ofengestänges, welches die Funktion des Trocknens z. B. nass gewordener Lodenbekleidung zu erfüllen hat, liefert uns die Klimastatistik: In der regenreichen randalpinen Zone der Nördlichen Kalkalpen weisen fast 100% der Stubenöfen in ihrem Umfeld ein Gestänge auf. Umgekehrt verhält es sich in der südlichen Randzone Tirols, in der keine Ofengestänge mehr üblich sind.

Das klassische Ofengestänge, das von der Decke herab den Stubenofen gleichsam umschließt, lässt sich mit bis zu vier eingehängten oder fix montierten Stangen pro Seite dokumentieren. Sind die eingehängten Stangen immer aus Holz gefertigt, so ist es üblich, dass die Eckpunkte, an denen die Stangen eingehängt werden, aus schmiedeeisernen Haken gefertigt sind.

Schwenkbare Ofenstangen, die im Kreuzungspunkt eingehängt werden können, werden hauptsächlich im Lechtal bevorzugt.

In jenen Gebieten, in denen der halbtonnenförmige Ofen dominiert, findet sich kein klassisches Ofengestänge, sondern lediglich eine große

Ofengestell, Gemeinde Stanz

Ofengestänge, Gemeinde Alpbach

Ofenstange oberhalb der Ofenliege an der zur hinteren Kammer oder zur Küche gelegenen Stubenwand.

Die Wärmewand

Als ein die Stubenkultur mitbestimmendes Element kommt die unterschiedlich ausgeführte Wärmewand tirolweit relativ selten vor, spielt in Teilräumen allerdings sehr wohl eine Rolle. Wärmewände gehören zur Wohnkultur der Stube dazu, ermöglichen doch auch sie in Form der Abwärme vom Küchenherd die Stube mitzubeheizen. Aufgrund der Tatsache, dass der Stubenofen nicht beheizt werden muss, stellen die Wärmewände vor allem in den Randjahreszeiten zum Sommer hin eine energiesparende Möglichkeit der Beheizung dar. Außerdem bilden besonders die gekachelten Wärmewände einen Blickfang in jeder Bauernstube.

Von der Materialverwendung her lassen sich vier grundlegende Typen von Wärmewänden im Tiroler Bauernhaus unterscheiden:

Die keramische Wärmewand kommt am häufigsten vor, und zwar westlich von Innsbruck in allen Bezirken, allerdings in unterschiedlicher Dichte. Die gemauerte Wärmewand folgt an zweiter Stelle; ihr Verbreitungsgebiet ist im Vergleich zu dem der keramischen im selben Raum geringfügig kleiner.

Die gusseiserne und die stahlblecherne Wärmewand sind ausschließlich auf den Bezirk Außerfern beschränkt.

„Gemauert" und „gusseisern" dürfen für sich in Anspruch nehmen, vom Hauch der Geschichte umweht zu werden, in manchen Regionen Tirols gleichsam a priori zum Bauernhaus dazuzugehören. Kommen Wärmewände aus Stahlblech erst vor gut hundert Jahren in Gebrauch, so lassen sich gekachelte im Tiroler Bauernhaus in etwa seit der Biedermeierzeit belegen. Über den Erbauungszeitpunkt geben uns die gusseisernen Wärmewände am exaktesten Auskunft, findet sich doch immer am unteren Ende der Platte die Jahreszahl der Einmauerung (z. B. 1697, Gemeinde Biberwier). Bei allen anderen Bauausführungen fehlen Zeitangaben.

Bedingt durch die erforderliche Küchenbeschürung bzw. durch die übliche Eckplatzierung des Stubenofens befindet sich die Wärmewand, egal aus welchem Material, im Regelfall in der Mitte jener innenliegenden Wand, hinter der sich die Küche befindet. Manche keramischen Wärmewände stehen im unmittelbaren Einzugsbereich des Stubenofens, sind somit also räumlich von ihm fast nicht getrennt.

Südlich des Alpenhauptkammes kommen Wärmewände nur absolut marginal vor und sind auf den grenznahen, inneralpinen Bereich beschränkt.

Keramische Wärmewände

Sie werden von Kacheln unterschiedlicher Muster und Größen gestaltet. Da Keramikwärmewände schwerpunktmäßig eindeutig in der westlichen Landeshälfte Nordtirols anzusiedeln sind – also dort, wo man primär die gemauerte Ofenlandschaft antrifft –, stellen sie gleichsam als Farbtupfer einen Blickfang in jeder Stube dar. Dem Gestaltungsprinzip eines möglichst großen

Keramische Wärmewand, Gemeinde Biberwier

Kontrastes wird auf diese Weise Rechnung getragen. In der überwiegenden Anzahl finden sich bei keramischen Wärmewänden sogenannte Halbkachelformate, die zeitlich der zweiten Hälfte des 19. Jahrhunderts zuzuordnen sind.
Keramische Wärmewände sind in etwa 0,70 m² groß. Damit sind sie rund ein Drittel kleiner als gemauerte Heizwände.

Gemauerte Wärmewände

folgen dem gleichen Bauprinzip wie der Stubenofen, d. h. gemauert fügt sich an gemauert.
Im Unterschied zu den gekachelten Wärmewänden finden sich bei den gemauerten relativ

Gemauerte Wärmewand, Gemeinde Silz

häufig bis zu zwei Warmhaltefächer. An künstlerischer Ausgestaltung können nur die tiefen Umrahmungen erwähnt werden, die manchmal bemalt werden, um die Einheit zwischen Stubenofen und Heizwand aufzulösen. Mitunter wird auch spärlich Farbe verwendet, um doch noch ein bisschen Kontrast in die Stube bzw. zum Stubenofen hinzubringen.
Die durchschnittliche Größe einer gemauerten Wärmewand beträgt knapp über 1 m². Die größte Abstrahlungsfläche, die dokumentiert werden konnte, wies stolze 2,33 m² auf.

Gusseiserne bzw. stahlblecherne Wärmewände

Beide Ausführungen müssen in einem Atemzug genannt werden, stellt erstere doch den Vorläufer der zweiten dar. Mir ist kein Beispiel bekannt, bei dem man sich von vornherein für den Einbau einer Wärmewand aus Stahlblech entschieden hätte. Um die Zeit des Ersten Weltkriegs hat man kaputt gegangene gusseiserne Platten aus Kostengründen durch die Billigvariante einer Stahlblechausführung ersetzt. Nicht nur Erzählungen der Hausbewohner untermauern das, sondern auch die durchgeführten Messreihen an beiden Wärmewandausführungen. In fast allen Fällen kommt man bei beiden Ausführungen auf dieselbe Fläche, nämlich knapp unter 0,5 m².
Künstlerisch zählen die gusseisernen Platten wohl zum Besten, was das Tiroler Bauernhaus zu bieten hat. Die einfachen geometrischen Muster bei den Stahlblechvarianten verdienen lediglich der Vollständigkeit halber Erwähnung. Die Kombinationsmöglichkeiten zwischen Ofen- und Wärmewandbauart sind naturgemäß sehr groß. In der Praxis zeichnet sich jedoch ein immer wiederkehrendes Muster ab. In Gebieten mit gemauerten Öfen lassen sich sämtliche erwähnten Wärmewände in Kombination mit dem gemauerten Stubenofen finden: Gemauert kombiniert mit gemauert kommt am häufigsten vor, knapp gefolgt von gemauert mit gekachelt. Gekachelt mit gekachelt lässt sich auch belegen, spielt jedoch nur eine untergeordnete Rolle.
Bei der Farbgebung der gemauerten Abstrahlungsfläche bei Wärmewänden findet sich ausschließlich das schlichte Weiß, Umrahmungen hingegen können durchaus kräftig entweder grün oder blau

gestrichen sein. Bei gekachelten Wärmewänden finden sich je nach Materialkombination mit dem Stubenofen unterschiedliche Farbtöne, helle, wie z. B. Beige, überwiegen jedoch.

Sowohl bei der gemauerten als auch bei der gekachelten Version der Wärmewände begegnen uns mitunter auch ein oder mehrere eingebaute Wärmefächer.

Immer wieder trifft man auf sogenannte Kienspannischen, die zwischen dem Ofen und der Wärmewand platziert sind. Da man sie später aufgrund der Elektrifizierung nicht mehr gebraucht hat, wurde die gesamte Fläche zwischen Stubenofen und Wärmewand neu verputzt, sodass der Anschein einer extrem großen Wärmewand erweckt wurde. Aus ästhetischen Gründen hat man diese Wärme- bzw. Scheinwärmewände mitunter mit Faustwärmern versehen.

Vinschgau, allerdings in deutlich geringerer Zahl als in Nordtirol.

Kienspannische, Gemeinde Faggen

Gusseiserne Wärmewand, Gemeinde Ehrwald

Die Kienspannische

Ebenfalls im unmittelbaren Einzugsbereich des Ofens gelegen – der Rauchabzug für das Kienspanfeuer erfolgt über denselben Kamin wie für den Stubenofen –, tragen vor allem die kunstvoll ausgeführten Türen, Deckel und Schuber, welche die Kienspannische abdecken, zum vielfältigen Erscheinungsbild der Stube bei. Beim Material dominieren hölzerne Schuber klar, gefolgt von Deckeln aus Stahlblech und (sehr selten) Türen aus Holz oder Stahlblech. Das Hauptverbreitungsgebiet der Kienspannischen liegt in der Westhälfte Nordtirols; südtirolerseits im oberen

Das Stubengetäfel

In der Tiroler Stube finden sich zwei Möglichkeiten der Ausgestaltung des Getäfels vor:
– zur Gänze getäfelt, und das einschließlich der Decke, oder
– eine Teilvertäfelung in unterschiedlicher Wandhöhe.

Grundsätzlich ist das Stubengetäfel in rechteckige Felder unterteilt, die durch unterschiedlich geformte Profilleisten optisch miteinander verbunden werden.

Ursprünglich war es nicht üblich, Getäfel und Stubendecke zu übermalen. Hauptsächlich im 19. Jahrhundert hat man sich in vielen Landesteilen Tirols zu diesem Schritt entschlossen, um gleichsam die dunklen Stuben aufzuhellen. Egal welche Farbe verwendet wurde, die Kassettenfelder zeichnen sich generell durch helle Farbtöne aus, die Profilleisten sind immer in einem kontrastierenden Ton gehalten. Ein zur Gänze bemaltes Stubengetäfel kommt häufig in den Farben Mintgrün, Beige oder Weiß vor. Ist die Stube lediglich teilvertäfelt, nimmt man vom Übermalen des Getäfels Abstand, ergibt sich aus dem Kontrast zwischen dunklem Getäfel und hellen Wandflächen doch ohnehin genügend Spannung.

Unabhängig vom Ausmaß der Vertäfelung finden sich in allen Tiroler Stuben Wandkästen. Sie können bündig in die Wand integriert oder als Hängekästen (Holzbau!) an der Stubenwand befestigt sein. Profile, Pilaster, Kapitelle und Friese dienen dabei der Ausschmückung.

Uhrkästen in unterschiedlicher Ausformung unterbrechen den gleichmäßig wirkenden Verlauf des Stubengetäfels oder der Stubenwand und sind so gut wie ausschließlich im Bereich der Stubentür angesiedelt. Die Uhrkästen sind häufig verziert, mitunter bemalt und weisen des Öfteren, abhängig von der Bauart der Uhr, kräftige Ausbuchtungen für den Pendelschlag auf. Der an der Wand befestigte Uhrkasten wird auf der umlaufenden Bank entweder aufgesetzt, oder er wird durch diese hindurchgeführt.

Bemalung der offenen Bretterdecke, Gemeinde Niederndorf

Die Stubendecke

Generell kommt der Stubendecke aufgrund ihrer Blickfangposition große Bedeutung zu. Bei kompletter Täfelung der Stube ist sie in diese gleichsam integriert, und es entsteht dadurch ein besonders intensives Behaglichkeitsgefühl. Bei einer teilvertäfelten Stube ist sie farblich immer vom getünchten „Rest" abgesetzt, wirkt dadurch in ihrem Erscheinungsbild „strenger".

Verzichtet der Bauer in seiner Stube auf eine gänzlich getäfelte Decke, so bieten sich mehrere andere Möglichkeiten der Deckengestaltung an:

– die relativ selten vorkommende Teilvertäfelung der Decke,
– ein Bemalen der offen sichtbaren Holzdecke oder
– die sehr seltene Ausgestaltung mit Stuck.

Ungetäfelte Stubendecken mit offenen Holzbrettern weisen mitunter eine farbintensive Bemalung auf, die die Illusion einer getäfelten Decke erweckt. Ähnlich einer kassettierten Stubendecke entschied man sich auch im Falle einer Bemalung für eine Untergliederung in Kassettenfelder.

Die Deckenmitte verputzter Decken ist sehr selten mit Stuck künstlerisch ausgestaltet, lediglich der Rand ist mit Gipsprofilen versehen.

Wandkästchen, Gemeinde Mals

Können Bohlenbalkendecken – die Bohlen werden rechts uns links des Balkens eingestemmt – primär als inneralpiner Ausdruck der Tiroler Stubenlandschaft angesehen werden, so finden sich in Kassettenfelder gegliederte Flachdecken im gesamten Tiroler Bereich, auch in jenen Gebieten, in denen die Bohlenbalkendecke dominiert.

Bei der Bohlenbalkendecke gibt es kein zentrales Feld, das speziell künstlerisch ausgestaltet wäre, bei der Kassettendecke hingegen liegt gerade im Ausgestalten der Deckenmitte der Reiz, darin offenbart sich gleichsam der gesamte Ideenreichtum der Tiroler Stubenkultur. Die Deckenmedaillons können auf zweifache Weise angebracht werden:

Ein skulpturaler Rahmen wird an der Decke montiert und anschließend die Innenfläche in unterschiedlicher Weise ausgearbeitet oder das gesamte künstlerisch gestaltete Feld wird an der Decke montiert.

Bei der künstlerischen Gestaltung überwiegen sowohl in Nord- als auch in Südtirol verschiedene religiöse Themen, obwohl sich auch eine Fülle floraler Motive belegen lässt. Unabhängig vom dargestellten Motiv besitzen die meisten Medaillons einen wuchtig profilierten Rahmen. In großer Zahl finden sich besonders schön gestaltete Medaillons im Paznaun- und Pustertal.

Die zur Gänze getäfelte Decke wird je nach Stubengröße von einem kräftigen Unterzug unterbrochen, der ebenfalls eine Vertäfelung aufweisen kann, in den meisten Fällen beschnitzt ist oder dessen Kanten abgefast sind. Die Felder rechts und links des Unterzugs können unterschiedlich geteilt sein, wobei 2 x 6 Felder eine gängige Variante darstellen.

Oberhalb des Stubenofens trifft man sehr häufig den Schuber an, über den die warme Luft in die Schlafkammer geleitet wird.

Die Sitzecke

Regional unterschiedlich prägen runde, vor allem aber eckige Tische die Diagonale gegenüber dem Stubenofen an der Außenwand. Die übliche Unterkonstruktion der Stubentische bilden seit dem 17. Jahrhundert die vier schräg gestellten, in manchen Fällen gedrechselten Tischbeine, die durch Zargen und Fußbretter zusammengehalten werden. In die Zargen eingenutete Schlitze ermöglichen das Anbringen einer Schublade.

Tischplatte, Gemeinde Steeg

Besonderes Augenmerk verdienen die Tischplatten, die entweder aus demselben Holz wie der Unterbau gefertigt oder in Hartholz ausgeführt sind. Besonders beliebt sind Tischplatten aus Ahorn. Mit Intarsien verzierte oder mit einer steinernen Auflage (hauptsächlich Schiefer, mitunter Marmor) versehene Platten kommen grundsätzlich selten vor, bilden dafür aber natürlich einen Blickfang in einer solchen Stube.

Eine Besonderheit stellt der Klapptisch mit seinem an der Stubenwand befestigten Scharniermechanismus dar, der vornehmlich im Unterinntal und im Wipptal nordtirolerseits anzutreffen ist. In Südtirol stößt man häufiger auf Klapptische, allerdings ohne klare geographische Schwerpunktsetzung.

Deckenmedaillon, Gemeinde Ischgl

Stuhl, Gemeinde Graun

In einem Atemzug mit dem Stubentisch gilt es, Stühle und Vorbänke zu erwähnen. Sind die hauptsächlich im Unterinntal vorkommenden, zumeist gebogenen Vorbänke immer ohne Lehne gearbeitet, so finden sich bei den Stühlen künstlerisch bemerkenswert gestaltete Lehnen. Als besonders schön gelten Lehnenformen aus der Barockzeit, erkennbar an der stark geschwungenen Linienführung, an den Muschelornamenten und den spiegelförmigen Ausschnitten.

Die Stubentür und ihr Umfeld

Im Gegensatz zu den Haustüren, die sehr häufig aufgedoppelt sind, handelt es sich bei den Stubentüren um sogenannte Rahmentüren, deren Felder eingestemmt und häufig künstlerisch gestaltet sind. Gemalte Sinnbilder bzw. Segenszeichen und das Motiv des Lebensbaumes finden sich in fast allen Tiroler Stuben, bevorzugt an den Türfeldern. Die Stubentür, vor allem aber ihr unmittelbares Umfeld tragen zum bemerkenswerten Ruf der Tiroler Stubenkultur bei. Türrahmen mit schmal kassettierten Leisten oder aufwändige Pilasterumrahmungen verleihen der Stube eine vornehme Note. Kapitelle, Friese und Gesimse bringen den gediegenen Charakter der Stube zum Ausdruck. Gliedern Pilaster und Lisenen das Türumfeld bzw. die Stubenwand vertikal, so bilden unterschiedliche Fries- und Gesimsbänder horizontale Zierelemente. Zinnen-, Zahnschnitt- und Eierstab- sowie Palmettenfries und

Kassettierter Pilaster, Gemeinde Innervillgraten
Wasserwogenband, Gemeinde Sarnthein
Zahnstabfries, Gemeinde Tulfes

das Wasserwogenband – sie alle treten in der Tiroler Bauernstube als gestaltende Elemente in den Vordergrund – lassen sich in weiten Landesteilen vielfach belegen. Besonders die Südtiroler Renaissancestuben zeichnen sich durch außerordentlich schön geformte Pilaster und Kapitelle im Türbereich (und darüber hinaus) aus.

Die kunstvoll geschmiedeten Türbeschläge in sehr variantenreichen Ausführungen belegen ebenfalls die hochstehende Wohnkultur, welche die Tiroler Stube vermittelt.

Die Truhe

Haben sich Truhen ursprünglich entweder in der Kammer oder auf dem Flur befunden, so ist es erst im 20. Jahrhundert üblich geworden, Truhen als repräsentative Möbelstücke in der Stube aufzustellen. Auf alle Fälle gehören sie seit jeher zur bäuerlichen Wohnkultur dazu, kann man in ihnen vielleicht überhaupt den intensivsten Ausdruck bäuerlicher Volkskunst erblicken. Entsprechend dem Konstruktionsprinzip gibt es Wangentruhen und Sockeltruhen, die häufiger vorkommen.

Truhe, Gemeinde St. Leonhard im Pitztal

Bereits die Verwendung unterschiedlicher Hölzer, wie zum Beispiel Zirbe, Fichte, Nussholz, Ahornholz, weist die Truhe als Prunkstück aus. Ihre Schauseite kann von zwei oder mehr Feldern gebildet werden, die durch Lisenen, Halbsäulen, manchmal auch nur durch einfache Leisten voneinander getrennt sind. Zwei, mitunter auch drei Bogenfelder – je nach Gebiet unterschiedlich – bilden die Frontseite der Truhe.

Farben werden grundsätzlich sparsam verwendet; die Gestaltung der Oberfläche bzw. der Frontseite erfolgt durch Punzierungen, Schablonenmalerei und Kammzugverzierung, Einlegearbeiten und unterschiedliches Schnitzwerk, das zumeist aufgedoppelt wird. Als besonders gediegene Arbeiten gelten die Truhen aus dem Alpbachtal und dem Dolomitenraum.

Der Schrank

Erst im 18. Jahrhundert belegen Inventarlisten, dass sich vermehrt Kästen als Möbel zu den Truhen hinzugesellen. Gemeint sind in diesem Zusammenhang natürlich nicht die sogenannten Milchkästen in den Bauernstuben, sondern die in hervorragender handwerklicher Qualität ausgeführten Schränke, die vor allem im Nord-

Schrank, Gemeinde Erl

tiroler Unterinntal und im Bozner Unterland ihre Schönheit in der Stube, in der Kammer oder im Flur offenbaren. Selten eintürige, vorwiegend zweitürige Schränke, abhebbar auf einem Sockel, der auf Kugelfüßen ruht, sind die übliche Form. Unterschiedliche Gestaltungsmerkmale finden sich vor allem bei den Kranz-, seltener bei den Fußgesimsen, beim Türrahmen und bei den Schrankfüßen. Aufgeblendetes Leistenwerk kann die Schranktür untergliedern, eine Feldeinteilung der Türen kann auch durch Malerei erfolgen.

Der Herrgottswinkel

Natürlich gibt es auch bei den Christusdarstellungen einen großen Variantenreichtum, der sich allerdings einer klaren, regionspezifischen Klassifizierung entzieht. Der Herrgottswinkel, der seit Generationen der Kontemplation dient, bedarf keiner „Zur-Schau-Stellung", bedeutet auf alle Fälle Schlichtheit – für den Prunk sorgt beispielsweise die kassettierte Stubendecke, ein Deckenmedaillon oder auch ein Friesband. Der Darstellung des Heiligen Geistes in der Deckenmitte wird grundlegend der Vorzug gegeben, eher selten sieht man den Heiligen Geist oberhalb des Herrgottswinkels dargestellt, mit diesem gleichsam eine Einheit bildend. Traditionell gruppieren sich um den „Platz des Herrn" Sterbebilder, Herzjesu- und Herzmariabilder, unterschiedliche Heiligenfiguren, aber auch das Ewige Licht, das heute nur mehr selten anzutreffen ist. Mag man von einer regionspezifischen

Herrgottswinkel, Gemeinde Enneberg

Klassifizierung der Herrgottswinkel nicht sprechen können, so fällt doch ein klares überregionales Nord- Südgefälle hinsichtlich der Größe und der künstlerischen Gestaltung auf: klein und bescheiden im randalpinen Bereich Nordtirols, umso größer und aufwändiger gestaltet, je weiter man alpenüberschreitend nach Süden vordringt.

Der Ofen als Seele der Stube

Bezeichnet man die Stube als die „Seele" des Bauernhauses, so kommt dieses Attribut innerhalb der Stube dem Ofen zu. Diese „seelische Befindlichkeit" drückt sich in den drei grundlegenden Bauweisen von gekachelt, gemischt und gemauert aus, die sehr wohl regionalspezifisch bedeutend sind und die Tiroler Stubenkultur wesentlich mitgeprägt haben. Der Vollständigkeit halber sei an dieser Stelle erwähnt, dass es auch Stuben gibt, in denen sich Stahlblechöfen oder gusseiserne Öfen finden lassen. Diese Gruppe von Öfen ist aber historisch gesehen nicht weiter von Belang, sind sie doch ausnahmslos in schwierigen Zeiten, wie zum Beispiel unmittelbar nach dem Ersten Weltkrieg, in Stuben installiert worden. 18 grundlegende Ofenformen prägen die Stubenkultur Tirols, begründen somit die Vielfältigkeit im regionalen Bereich.

Der gemauerte Stubenofen

Den größten Formenreichtum findet man, da diese Öfen leichter herzustellen sind, in den Gebieten Tirols mit gemauerten Exemplaren, also in der westlichen Landeshälfte Nordtirols, im gesamten Bezirk Lienz und – abgesehen vom Überetsch, Burggrafenamt und Bozner Unterland – weitestgehend in Südtirol. Immerhin sind es in Nordtirol fünfzehn gemauerte Ofenformen, die zum Reichtum der Tiroler Stuben- bzw. Wohnkultur beitragen, von denen sich in Südtirol allerdings nur fünf wiederfinden. Dort, wo der gekachelte Stubenofen traditionell üblich ist, findet man einen deutlich geringeren Formenreichtum vor. Ursprünglich völlig schmucklos, wurden die gemauerten Öfen hauptsächlich seit dem 19. Jahrhundert mehr und mehr mit Faustwärmern versehen. Wenn ein Stubenofen mit einer oder mehreren Zierkacheln geschmückt wurde, finden sich diese entweder bei schmal ausgeführten Öfen an der Stirnseite oder bei hoch ausgeführten Versionen am unteren Ende des Aufbaues. Als besonders schön sind sämtliche runde Formen in der gemauerten Ofenlandschaft zu bezeichnen, die in ihrem „weichen" Erscheinungsbild einen eigenwilligen Kontrast zur prinzipiell geradlinigen Ausführung des Stubengetäfels bilden.

Gemauerter Stubenofen, Gemeinde Heinfels

Der „gemischte" Stubenofen

In gemischter Bauweise – das heißt der Feuerraum ist gemauert, der Aufbau gekachelt – wurden Öfen vor allem wegen der Kostbarkeit der Kacheln an sich errichtet. So konnte sich auch der weniger Wohlhabende zumindest an einem teilgekachelten Ofen erfreuen. Belegt wird dies dadurch, dass man überdurchschnittlich häufig unterschiedliche Kacheln an ein und demselben „gemischten" Ofen vorfindet. Diese vor allem im Nordtiroler Unterland beliebte Bauweise findet sich in Süd- und Osttirol nicht.
Egal um welche Farbgebung es sich bei den Kacheln handelt, sie alle stammen weitgehend aus

Gemischt errichteter Ofen, Gemeinde Bichlbach

Brixen – sind auch im Bauernhaus Kachelöfen aus der Renaissance- oder Barockzeit zu belegen, die aber auf die Gesamtheit der Bauernhäuser bezogen nur eine geringe Rolle spielen. Erst mit der Möglichkeit, Kacheln in großer Stückzahl herzustellen, tritt der Kachelofen seinen Siegeszug in der bäuerlichen Stube an, rücken die ursprünglich gemauerten Öfen in den Hintergrund. Vor allem die bewegten Strukturen, aber auch die dünn aufgetragenen Glasuren bei händisch gefertigten Kacheln verleihen in Form des Ofens mancher Stube eine gewisse Leichtigkeit, stellen einen ästhetischen Blickfang dar, tragen in manche Stube die Note einer fast bürgerlich anmutenden Wohnkultur hinein. Prinzipiell monochrom in Gelb, Grün und Braun ausgeführt, finden sich nur in außergewöhnlichen Fällen – man denke an die Ansitze – polychrome Kacheln.

Aufgrund des bedeutenden Einflusses des Stubenofens auf die bäuerliche Wohnkultur ist es an dieser Stelle durchaus angebracht, näher auf diese Ofenformen einzugehen, bedingen sie durch ihre Raumlage, durch ihre Bauart, durch ihre Form und die damit in unmittelbarem Zu-

der zweiten Hälfte des 19. Jahrhunderts und weisen monochrome Kacheln in den Farben Gelb, Grün oder Braun auf.

Der gekachelte Stubenofen

Kacheln lassen sich beim bäuerlichen Stubenofen in Tirol erst ab dem 16. Jahrhundert nachweisen.

In den klassischen Kachelofengebieten des Unterinntales, des Reuttener Beckens und des Bozner Unterlandes mit Überetsch finden sich auch heute noch Kachelöfen vor, deren handgefertigte Kacheln aus der Epoche der Renaissance, des Barock oder der Biedermeierzeit stammen. Grundsätzlich ist die Verkachelung beim bäuerlichen Stubenofen allerdings an eine industrienahe Produktion von Kacheln, die in etwa um die Mitte des 19. Jahrhunderts einsetzt, gebunden. Lediglich in einem städtischen Umfeld – siehe Bozen, Innsbruck, Schwaz und

Gekachelter Stubenofen, Gemeinde Eppan

sammenhang stehende Ausformung des Ofenumfeldes doch auch eine unterschiedliche Gestaltung der Stube an sich.

Giebelförmige Öfen

Die Bezeichnung „mit giebelförmigem Aufbau" drückt aus, dass der Ofen von der Stirnseite her betrachtet wie mit einem Giebel versehen wirkt. Der Aufbau des Ofens erstreckt sich – ähnlich wie bei den meisten halbtonnenförmigen Stubenöfen – nicht über die gesamte Länge des Ofens, sondern lediglich über rund drei Viertel des Feuerraumes. Als charakteristisch können der sehr niedrige Bau und das kantenbündige Abschließen des „Giebels" an den Feuerraum genannt werden. Da sie sich von der Basis des Feuerraumes aus nach oben hin ständig verjüngen, wirken giebelförmige Öfen etwas leichter als halbtonnenförmige. Als gemauerte Öfen, denen kein Zierelement zu eigen ist, sind sie üblicherweise immer von einem Ofengestell und einer Ofenliege umgeben.

Giebelförmiger Ofen, Gemeinde Kastelruth

Das Hauptverbreitungsgebiet dieser Ofenform liegt im zentralen Dolomitenraum, marginal auch im Oberen Gericht.

Kegelstumpfförmige Öfen

Die meisten kegelstumpfförmigen Öfen sind gemauert, wobei zumeist Faustwärmer in den Kegelstumpf eingesetzt werden
Bei den gekachelten Versionen fügt sich der Aufbau, der sich nach oben hin verjüngt, aus versetzt übereinandergelegten Schüsselkacheln zusammen, sodass ebenfalls die Form eines Kegelstumpfes entsteht.

Kegelstumpfförmiger Ofen, Gemeinde St. Leonhard im Pitztal

Beide Ofenbauarten weisen dieselben Grundmerkmale auf: zumeist ein Gesims und grundlegend einen Absatz zwischen Aufbau und Feuerraum.
Immer wieder trifft man sowohl im Oberen Vinschgau als auch im Oberen Gericht auf diese Ofenform.

Halbtonnenförmige Öfen

Diese Form der Stubenöfen gibt es zwar in allen drei Bauarten (hauptsächlich gemauert, selten gekachelt, selten gemischt errichtet), sie entstammt jedoch ursprünglich Gebieten, die traditionell am gemauerten Ofen orientiert sind. Zwei charakteristische Merkmale verleihen der Halbtonne ihre spezielle Note: ein möglicher Absatz bzw. Überstand und eine Drückung der

Halbtonne. Eine bemerkenswerte Ausprägung erfährt diese Ofenform im Zillertaler Gaulofen, der gleichsam ein beredtes Zeugnis vom Verkachelungsprozess ablegt, erscheint diese Ofenform, abgesehen von Relikten in gemauerter Version, doch grundsätzlich teilverkachelt. In Südtirol empfindet man diese Ofenform generell als zum Bauernhaus dazugehörig; sie kann mit gutem Recht als jene Ofenform bezeichnet werden, die rund zwei Drittel des Ofenbestandes ausmacht. Das Hauptverbreitungsgebiet liegt vor allem in der östlichen Landeshälfte Südtirols, im Sarntaler Zentralraum, erstreckt sich aber mit abnehmender Dichte auch Richtung Süden und Westen bis in das Bozner Unterland bzw. das Burggrafenamt. Auf Nordtiroler Seite begegnet man dem halbtonnenförmigen Ofen speziell im Wipp- und im Zillertal. Besonders schöne Exemplare – weil aus Renaissancekacheln bestehend – finden sich in manchen Saalbauten des Überetsch.

Halbtonnenähnliche Öfen

Halbtonnenähnlicher Ofen, Gemeinde Schönberg

Das bedeutendste Merkmal, das zugleich den entscheidenden Unterschied zur Halbtonne ausmacht, besteht in der klaren Ausprägung von vier gebogenen Kanten beim gewölbten Aufbau. Da die Wölbung des Aufbaues nicht kantenbündig abschließt, ergibt sich ein Absatz zum Feuerraum hin. Hinsichtlich der Bauweise stößt man sowohl auf gemauerte als auch auf gemischt errichtete Exemplare.
In geringer Anzahl finden sich solche Öfen im weiteren Umfeld von Innsbruck.

Rundöfen

Gemeint sind in diesem Falle nicht die gemauerten oder selten gekachelten zylindrischen Öfen, sondern jene schönen Stücke der Tiroler Ofenkultur aus emailliertem Stahlblech, die ursprünglich als Kammeröfen im Bauernhaus Verwendung gefunden haben. Zumeist handelt es sich um monochrome Ausführungen in Grau, Grün

Halbtonnenförmiger Ofen, Gemeinde Ratschings

Rundofen, Gemeinde Elbigenalp

Kärntner Grenzlandofen, Gemeinde Nikolsdorf

und Hellgelb; es lassen sich aber auch polychrome Öfen mit figuralen Darstellungen nachweisen. Allein schon ob ihrer Bauartbeschaffenheit stehen Rundöfen nur am Rande mit der bäuerlichen Ofentradition in Verbindung; es finden sich diese Wärmespender auch heute noch in den Villen der Bezirkshauptstädte oder in manchem (Bauern)Gasthaus.

Das Hauptverbreitungsgebiet dieser von der Firma Lutz in Bludenz hergestellten Öfen liegt in der westlichen Hälfte Nordtirols und im Oberen Vinschgau.

Kärntner Grenzlandöfen

Der Feuerraum des Ofens entspricht einem liegenden Quader, der Aufbau verjüngt sich leicht nach oben hin und weist – im Gegensatz zur Halbtonne – einen flachen Abschluss auf. Man könnte darin auch eine weit überdimensionierte Drückung des Ofens nach oben hin erblicken. Diese Öfen, denen keine Bestandsbildung zugrunde liegt, sind ausschließlich im Grenzgebiet Kärnten/Osttirol nachzuweisen.

Oktogonale Öfen

Sie gehören zu jener Minderheit an Öfen, die ohne klare Begründung exklusiv an das Gebiet gemauerter Öfen in Nordtirol gebunden ist. Auffallend die Tatsache, dass der Aufbau des Ofens nicht die Form eines regelmäßigen Achtecks aufweist, sondern dass die Länge der Seiten unterschiedlich ist. Ein Gesims ist im Regelfall gegeben, ein Absatz zwischen Feuerraum und Aufbau fehlt. Als bemerkenswert kann bei dieser

Oktogonaler Ofen, Gemeinde Ischgl

Ofenform der Übergang zwischen Feuerraum und Aufbau hervorgehoben werden, der mitunter auch fließend verlaufen kann. Hier reicht die Palette an Möglichkeiten von einem strikt geraden Aufbau bis hin zu einer gedrungenen Ummantelung des Feuerraumes.

Diese Ofenform findet sich vor allem im Nordtiroler Stanzertal.

Zylindrische Öfen

Als Stubenöfen kommen sie ausschließlich in gemauerter Version vor, als Kammeröfen in ganz seltenen Fällen gekachelt. Der säulenförmige

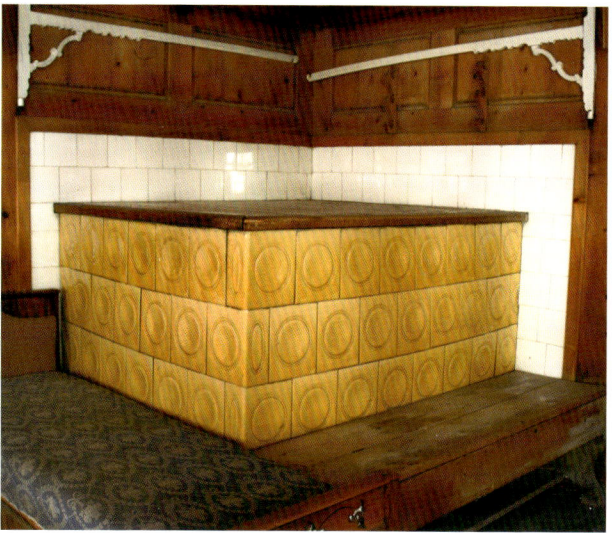

Blockförmiger Ofen, Gemeinde Holzgau

Blockförmige Öfen

Gemeint ist damit die – im Gegensatz zum Hochkantblock – liegende Version des Quaders, der mitunter auch strikt würfelförmige Ausprägung erfahren kann. Diese niedrig gesetzten Blöcke kommen fast nur in gemauerter Version vor und sind vor allem an das Lechtal und seine Seitentäler bzw. in untergeordneter Bedeutung an das Lienzer Becken gebunden.

Pentagonale Öfen

Die Außergewöhnlichkeit dieses Ofens, bereits ausgedrückt in seiner Bezeichnung, ist durch die Anzahl seiner Eckpunkte gegeben. Seine fünfeckige Form allein genügt, um ihn zu Recht als

Zylindrischer Ofen, Gemeinde Ladis

Körper weist fast immer ein Gesims auf, das mitunter bunt bemalt ist; auch hier fehlt grundsätzlich ein Absatz. Eine gewisse Nähe zur konischen Ofenform kann nicht geleugnet werden, finden sich doch in den Hauptverbreitungsgebieten dieser Ofenform immer wieder Zierkacheln im Aufbau. Der zylindrische Ofen ist die traditionelle Ofenform im (hinteren) Pitztal und im Oberen Vinschgau.

Pentagonaler Ofen, Gemeinde Holzgau

Besonderheit in der Tiroler Ofen- bzw. Stubenlandschaft zu bezeichnen. Das hölzerne Gesims und sein niedriges Erscheinungsbild runden seinen eher unauffälligen Charakter ab, bleibt doch das Auge des Betrachters zumeist bei den aufwändig gestalteten Kanapees („Gutsche") hängen. Somit gehört diese Ofenform zur absoluten Minderheit an Stubenöfen in Tirol, die nicht von einer durchgehenden Ofenbank umschlossen wird. Vorzufinden sind diese Öfen ausschließlich im (oberen) Lechtal.

Halbkonische Öfen

bilden variantenreiche Ableger, die entweder strikt halbkonisch ausgeformt sind oder durch das Ausprägen abgefaster Kanten beim Aufbau einen regelrecht oktogonalen Eindruck mit Rundungen erwecken. Eine dritte Möglichkeit kommt in einem Halbkonus zum Ausdruck, der sich nach unten hin verbreitert; man kann regelrecht von einem Verschmelzen zwischen Feuerraum und Aufbau sprechen. Ausnahmslos bei allen unterschiedlichen Varianten lassen sich Faustwärmer feststellen. Das Hauptverbreitungsgebiet befindet sich sowohl östlich als auch westlich der Landeshauptstadt Innsbruck auf den Mittelgebirgsterrassen.

Quaderförmige Öfen

Quaderförmiger Ofen, Gemeinde Pians

Bereits die Form des Quaders an sich legt es aufgrund der geradlinigen Kantenführung nahe, dass wir diese Öfen sowohl in gemauerter als auch in gekachelter Bauart antreffen. Bezüglich dieser hochkantigen Quader – sie stehen im Gegensatz zu den „liegenden" viereckigen Blöcken – gilt es zwei Arten zu unterscheiden. Einerseits jene Öfen, die zur Gänze im Eck stehen, andererseits jene Öfen, die frei in den Raum ragen. Die erstgenannte Form dieser Öfen tritt fast ausschließlich in gemauerter Version auf. Als Zierelemente stoßen wir bei den gemauerten quaderförmigen Öfen lediglich auf abgefaste Kanten und in seltenen Fällen auf Naturschieferplatten. Das einzige bestandsbildende Gebiet dieser Ofenform, deren Wurzeln uns ins nahe gelegene Engadin führen, befindet sich im Nordtiroler Paznauntal. Gekachelte Versionen sind extrem selten; vereinzelt findet man sie über das gesamte Tiroler Gebiet verteilt; diese Öfen stehen mit einer tiefer gehenden ofenkulturellen Tradition kaum in Verbindung, stammen sie doch fast ausschließlich aus der Zwischenkriegszeit.

Halbkonischer Ofen, Gemeinde Lans

Kuppelförmige Öfen

Auch bei dieser Ofenform kann man sagen, dass sie zu den „Eigenwilligkeiten" der Tiroler Ofenlandschaft gehört, bereichert sie allein mit ihrem Erscheinungsbild, aber auch in ihrer variantenreichen Ausformung die Tiroler Stubenkultur um ein einmaliges Stück. Ausschließlich im Bezirk Reutte in unterschiedlicher Dichte nachzuweisen, gehört auch der kuppelförmige Ofen zur gemauerten Ofenlandschaft Tirols. Es handelt sich um die einzige gemauerte Ofenform Tirols, bei der in umfassenderem Sinne eine Bemalung des Ofens festzustellen ist. Die in unterschiedlicher Höhe gesetzten Öfen weisen zum überwiegenden Teil einen Umfang von mehr als 4 Metern auf. Egal in welcher Höhe oder Breite der Ofen ausgeformt ist, den Abschluss bildet allemal das sogenannte Krönchen, dessen Durchmesser bis zu 65 Zentimeter erreichen kann.

Konischer Ofen, Gemeinde Wenns

Konische Öfen

Die konisch geformten Öfen, die ausschließlich in gemauerter Bauart vorzufinden sind, sind Teil der „runden" Ofenbautradition in Tirol. Bei keiner anderen gemauerten Ofenform spielen Zierkacheln eine derart große Rolle, wie das bei den sogenannten Ötztaler Fassln der Fall ist. Selten finden sich bei diesen Öfen am unteren Ende des Konus auch Reliefkacheln mit dem Motiv des Lebensbaumes vor. Reliefkacheln im Sinne von Zierkacheln lassen sich tirolweit im umfassenderen Sinne nur bei dieser Ofenform dokumentieren. Über das angestammte Verbreitungsgebiet des Bezirks Imst geht diese Ofenform kaum hinaus, sie findet sich vereinzelt nur noch im Telfer und Landecker Becken.

Kuppelförmiger Ofen, Gemeinde Biberwier

Turmförmige Öfen

gehören zu jenen wenigen Ofenformen, die fast ausschließlich in gekachelter Version vorkommen. Zumeist aus der Zeit des Historismus stammend, finden sich nur wenige Stubenöfen, die ein älteres Entstehungsdatum aufweisen. Ähnlich wie bei den Rundöfen fanden manche turmförmigen Öfen ursprünglich als Kammeröfen Verwendung und wurden zu einem späteren Zeitpunkt in die Stube übertragen. Hinsichtlich der Beschürung ergeben sich mehrere

Turmförmiger Ofen, Gemeinde Kaltern

ert im Bozner Unterland. In Nordtirol finden sich gemauerte kubische Öfen in unterschiedlicher Dichte im Westteil des Landes. In komplett verkachelter bzw. in gemischter Bauweise errichtet erfährt diese Ofenform in der östlichen Landeshälfte Nordttirols ihre deutlichste Ausprägung. In ihrem Erscheinungsbild treten die kubisch geformten Stubenöfen unterschiedlich auf: als Hinterlader oder Vorderlader, seiten- oder frontbeschürt, mit oder ohne Gesims, mit oder ohne Absatz, mit einem geraden oder mit einem sich leicht nach oben verjüngenden Aufbau, mit klar ausgeprägten Kanten oder Kanten in abgefaster Form.

Möglichkeiten: als Hinterlader von der Küche oder vom Flur aus, als Vorderlader seiten- oder frontbeschürt. Das hauptsächliche Verbreitungsgebiet liegt im Nordtiroler Unterinntal, aber auch im Gebiet des Bozner Unterlandes sind turmförmige Öfen anzutreffen.

Öfen mit kubischen Aufbauten

In Kurzform zum Ausdruck gebracht: jene Tiroler Ofenform, die sowohl nördlich als auch südlich des Brenners bestandsbildend vorkommt. Abgesehen von halbtonnenförmigen Öfen sind kubisch geformte die einzigen Stubenöfen, die in allen drei Bauarten vorkommen. Kann in Nordtirol „kubisch" als jene Ofenform angegeben werden, der rund die Hälfte aller Stubenöfen zuzurechnen ist, so fällt mit rund 15% der Anteil an kubisch geformten Öfen in Südtirol deutlich geringer aus. Öfen mit kubischen Aufbauten finden sich in den westlich gelegenen Landesteilen Südtirols in unterschiedlicher Dichte und unterschiedlicher Bauart. Weitgehend gemauert im Vinschgau, sowohl gekachelt als auch gemau-

Ofen mit kubischem Aufbau, Gemeinde Kaltern

Trittöfen

Allein schon die Verwendung des Plurals ist hier nicht richtig, konnte im gesamten Tiroler Raum doch nur ein einziger Trittofen erhoben werden. Trittöfen sind an den alemannischen Kulturraum

Trittofen, Gemeinde Steeg

Sesselöfen

prägen die oberbayerische Ofenlandschaft, welche sich bis an die Tiroler Landesgrenze erstreckt. Grundsätzlich kann man von einem gemischt errichteten Ofen sprechen, ist doch der Herdteil gemauert ausgeführt, lediglich der Aufbau, die „Lehne", stellt den verkachelten Teil dar. Mitunter stößt man auch auf zur Gänze gekachelte Versionen. Auf Grund des geringen Vorkommens kann von einer Schwerpunktbildung nicht gesprochen werden. Die wenigen Exemplare ließen sich ausschließlich in den Bezirken Kufstein und Kitzbühel nachweisen.

gebunden und weisen als spezifisches Charakteristikum die beheizbare Ofenbank, trittförmig ausgeführt, auf. Parallel dazu tritt als prägendes Merkmal die Verwendung von Leisten auf, die die schmalen Zwischenräume zwischen den Kachelreihen verdecken. Die zumeist aus Sandstein bestehende Ofenbank und der keramische Ofenaufbau bilden eine Einheit.

Hinsichtlich des erwähnten alemannischen Kulturkreises mag es fast schon als selbstverständlich erscheinen, dass dieses schöne Stück der Ofenbaukunst im obersten Lechtal entdeckt werden konnte.

Sesselofen, Gemeinde Walchsee

Bezirk Landeck

Tiroler Stubenkultur

Die Gestalt gebenden Elemente der Tiroler Bauernstube sind im vorangehenden Kapitel bereits dargelegt worden. Jede bauliche bzw. künstlerische Ausdrucksform ist sowohl im Äußeren als auch im Inneren an das „Gewachsen im Raum" gebunden. In diesem Sinne wird auf den folgenden Seiten das typische Erscheinungsbild der Stube vor Ort nochmals vertiefend dargelegt, erfolgt gleichsam eine Rauminterpretation der Tiroler Bauernstube. Vor allem soll in jedem Raum auch immer an eine andere Möglichkeit der Stubengestaltung gedacht werden, ist doch die Ideenvielfalt, die in der Tiroler Bauernstube verwirklicht wird, als äußerst groß zu bezeichnen, bildet sie doch letzten Endes mit ihren vielfältigen Variationen den eigentlichen Reiz des Themas. Grundsätzlich folgt die Untergliederung des Themas im gesamten Raum Tirols den historisch gewachsenen Bezirken (siehe Begleittexte zum Tirol-Atlas, Band 3, Seite 14, „Politische Bezirke und Gerichtsbezirke zu Jahresende 1910) bzw. in weiterer Folge der Teilraumuntergliederung der großen Talschaften. Von mehreren Möglichkeiten, die Stubenkultur Tirols im geographischen Sinne zu präsentieren, ist die vorliegende insoferne die günstigste, da sie in einheitlicher Weise den Raum „Tirol" strukturiert. Expressis verbis sei an dieser Stelle darauf hingewiesen, dass sich die Verwaltungs-Grenzen des Öfteren im Laufe der Geschichte unter Beibehaltung des jeweiligen Namens – vor allem in Südtirol – verschoben haben. Die getroffene Einteilung scheint mir einen praktikablen Weg dazustellen, um dem Leser eine schnelle Orientierung anhand der beigefügten Karte bzw. anhand der Balkenüberschriften im Bildteil zu ermöglichen.

Stubenkultur in Nordtirol

Mag die künstlerische Ausgestaltung der Stuben in Südtirol in Summe zu Recht als höher stehend bezeichnet werden, so ist andererseits hinsichtlich der stubenkulturellen Merkmale in Nordtirol ein deutlich größeres Maß an Vielgestaltigkeit im Vergleich zu Südtirol festzustellen. Diese Behauptung bezieht sich hauptsächlich auf die Ausprägung der Ofenlandschaft in der Stube und das sogenannte Umfeld des Ofens. Explizit darf in diesem Zusammenhang auf die Bauart und Formenvielfalt der Stubenöfen, auf die Ausprägung von Wärmewänden und Kienspannischen, aber auch auf die sehr unterschiedlich ausgeprägten Ofenstiegen verwiesen werden.

Der Bezirk Landeck

Beim Betrachten der Paznauntaler Stuben soll sich der Leser der Tatsache bewusst sein, dass die historischen Wurzeln dieser Talschaft sehr eng mit dem nahe gelegenen Engadin verwoben sind, dessen Spuren sich mehrfach im Bauernhaus vor Ort in Form des Stubenofens, der wuchtigen Stubenschränke und der mit einer Schieferplatte versehenen Tische belegen lassen. Den unbestrittenen Blickfang in der Paznauntaler Stube bilden die zentralen Deckenfelder, in deren Mitte sich selten geschnitzte oder auf Leinen gemalte, aber wesentlich häufiger auf Holz gemalte Medaillonbilder befinden. Zum überwiegenden Teil präsentieren sich dem Betrachter dabei religiöse Inhalte. In der Minderheit der Stuben korrespondieren diese zentralen Medaillonbilder mit mehreren „leeren" oder thematisch mit dem Zentralfeld abgestimmten Zwickeln. In außergewöhnlichen Fällen dominieren zwei Medaillonbilder die Stubendecke, welche durch den quer durch die Stube laufenden Unterzug voneinander getrennt sind. Im Vergleich zu anderen Landesteilen Tirols lassen sich in überdurchschnittlicher Weise Inschriften, Jahreszahlen und Chronogramme finden. Als Stubenofen bringt der quaderförmige Hochkantblock – in ganz seltenen Fällen auch ein liegender Quader – eine strenge Note in die Paznauntaler Stube, die durch eine geradlinige Kantenführung des Ofens, aber auch durch das Fehlen von Absätzen und Gesimsen hervorgerufen wird. Im Gesamtbild der Stube tritt der Ofen allerdings in den Hintergrund, schafft gleichsam Raum für das Wirken dekorativer Elemente, wie zum Beispiel der geschnitzten Muscheln bei den Deckenmedaillons, der gedrehten Pilaster mit Eichenlaub, der Kapitelle in Form stilisierter Akanthusblätter. In zweiter Linie fallen die heute nur mehr selten anzutreffenden massiven Natursteinplatten aus Schiefer auf, welche den Ofen nach oben hin abschließen. Für das Auge des Betrachters mitunter schwer erkennbar ist der Unterbau des Stubenofens, der im Paznauntal nicht immer in Form eines gemauerten Tonnengewölbes oder eines sichtbaren Holzunterbaues mit kunstvoll gedrechselten Ofenfüßen ausgeführt ist, sondern in vielen Fälle auf glatten, manchmal übertünchten Kanthölzern ruht. Zum gediegenen Interieur der Paznauntaler Stube gehört der sogenannte Montafoner Tisch, dessen Charakteristikum die polierte Schieferplatte ist, dazu. Im nahe gelegenen Stanzer Tal geht der Anteil an Zirbenholz beim Bau der Stube stark zurück, sodass die Fichte zum überwiegenden Teil dominiert. Sind die umliegenden Ofenlandschaften als „quaderförmig" und „kubisch" definiert, so tritt in diesem Teilraum „oktogonal" als historische Ofenform dazu. Die Stubenkultur des Stanzer Tales findet ihren Ausdruck ebenfalls in einer geraden Linienführung, die an den Öfen zu belegen ist, die sich an den die Stubenöfen einkleidenden Ofengestellen fortsetzt, die ihren Abschluss in den tiefen Deckenprofilen findet. Als Besonderheit verdient die Ofenstiege Erwähnung: Wohl mit dem Argument, die „Ofenhölle" erhalten zu wollen, ist die in diesem Raum häufig verkleidete Ofenstiege mitunter in ein anderes Raumeck ausgelagert. Auf Grund der massiven Verkleidung der Ofenstiege, die über eine eigene Tür betreten wird, auf Grund des Vorhandenseins mehrerer Stufen, die zur eigentlichen Ofenstiege hinführen, aber auch auf Grund der Blockgestalt der Öfen entsteht der Eindruck besonders kleiner Stuben. Im nahe gelegenen Oberen Gericht treffen wir mit acht unterschiedlichen Ofenformen auf die größte Anzahl formenreich gestalteter Stubenöfen in einem regionalen Gebiet Tirols. Einschränkend muss allerdings hinzugefügt werden, dass ziemlich genau drei Viertel der gemauerten Öfen kubische Form aufweisen. Das restliche Viertel verteilt sich auf weitere sieben historische Ofenformen. Aus der Gruppe der rund gestalteten Öfen verdienen die wuchtig ausgeführten zylindrischen Stubenöfen Erwähnung, die immer mit einem Gesims abschließen. Mitunter ergeben sich auch Mischformen, die man nicht eindeutig geometrischen Formen zuordnen kann. Manchmal könnte man auch meinen, dass der Maurer „zylindrisch" ausführen wollte und „kegelstumpfförmig" realisiert hat. Ebenso ist man sich bei „giebelförmig" mitunter nicht ganz im Klaren, ob nicht doch „halbtonnenförmig" getroffen werden hätte sollen. Auf alle Fälle ist die Stubenkultur des Oberen Gerichtes klar an „gemauert" gebunden. Bedingt durch diese Formenvielfalt gestaltet sich das nähere Umfeld des Ofens unterschiedlich. So von der Ofenform her möglich, ist die Ofenliege fixer Bestandteil der Stube. Das Ofengestell als Träger der Ofenliege ist aus wuchtigen Kanthölzern gefertigt, die zumeist in Form einer Hohlkehle profiliert sind. In einem Atemzug mit dem Ofengestell muss auch die Vorrichtung zum Einhängen der „Brotbretter" (Brotladen) erwähnt werden, die bis weit nach dem Zweiten Weltkrieg zum Treiben des Teiges am warmen Stubenofen verwendet wurde, heutzutage allerdings nur mehr sehr selten anzutreffen ist. Die hölzernen Ofenstiegen – wohl als primärer Ausdruck der Realteilung zu verstehen – sind geradlinig ausgeführt und beginnen mit der ersten Stufe direkt auf der Ofenbank. Die Minderheit der Stuben im Oberen Gericht ist mit einer keramischen Wärmewand ausgestattet, deren Kacheln zumeist, aber nicht ausschließlich handgefertigt sind. Zum überwiegenden Teil stammen diese Kacheln aus dem zu Ende gehenden 19. Jahrhundert.

S. 39: Zweifeldrige barocke Stubentür, Gemeinde Kappl

Bezirk Landeck

S. 40: profilierte Felderdecke mit bemaltem Medaillon, Gemeinde See
S. 41: oben links: bemalter Barockstuhl mit gerader Lehne, Gemeinde Ischgl; oben rechts: zwei Medaillons mit Signum, unterbrochen vom Unterzug, Gemeinde See; unten: Waschgeschirr aus der Zeit des Ersten Weltkriegs, Gemeinde See

Paznauntal

Bezirk Landeck

S. 42: oben: barocker Schriftstempel, Gemeinde Ischgl; unten links: geschwungener Pilaster mit stilisiertem Akanthusblätterkapitell, Gemeinde Ischgl; unten rechts: gedrechseltes Spinnrad, Gemeinde Ischgl
S. 43: oben: Herrgottswinkel, bestehend aus einem Kreuz und einem Herz-Jesu- und Herz-Maria-Bild, Gemeinde Galtür; unten: barocker Vierpass mit skulpturalem Rahmen, Gemeinde Galtür

Paznauntal

Bezirk Landeck

S. 44: gemauerter Hochkantquader als flurbeschürter Hinterlader mit Naturschieferplatte und Durchsicht (in die Schlafkammer), Gemeinde Kappl
S. 45: oben: barockes Medaillon, Gemeinde Ischgl; unten links: Stuhl mit großem Lehnenausschnitt, Gemeinde See; unten rechts: ausdrucksstarker Corpus, Gemeinde Ischgl

Paznauntal

Bezirk Landeck

S. 46: oben links: barockes Medaillon mit Herz-Jesu-Darstellung, Gemeinde Stanz;
oben rechts: Kienspannnische mit Stahlblechtür, Gemeinde Stanz;
unten: Heiligenbilder (Hl. Josef, „Mariahilf") auf ovalem Rahmen, Gemeinde Grins
S. 47: Stubeneck mit verkleideter Ofenstiege, Gemeinde Stanz

Stanzer Tal

Bezirk Landeck

S. 48: pittoresker Herrgottswinkel, Gemeinde Flirsch
S. 49: oben: gemauerter Ofen mit zylindrischem Aufbau und Ofengestänge, Gemeinde Flirsch; unten: mit Intarsien verzierte Tischplatte, Gemeinde St. Anton

Stanzer Tal

Bezirk Landeck

S. 50: oben links: Stubeneck mit Regal und Bild, Gemeinde St. Anton; oben rechts: verkleidete Ofenstiege, Gemeinde St. Anton; unten: Montafoner Tisch mit polierter Schieferplatte, Gemeinde Strengen
S. 51: gekachelter Hochkantquader aus der Zeit vor der Jahrhundertwende, Gemeinde St. Anton

Stanzer Tal

Bezirk Landeck

S. 52: Stubeneck mit gemauertem Ofen und einfachem Leistengetäfel, Gemeinde Schönwies
S. 53: oben: aufgedoppeltes Medaillon aus der Barockzeit, Gemeinde Tobadill; unten links: Herrgottswinkel; Gemeinde Stanz; unten Mitte: zierlicher Beschlag, Gemeinde Schönwies; unten rechts: Getäfeldetail zu Bild 1, Gemeinde Schönwies

Bezirk Landeck

S. 54: Stubeneck mit gemauertem Ofen als küchengeschürter Hinterlader, Gemeinde Ladis
S. 55: oben links: Ofengestell mit Vorrichtung zum Einhängen der „Brotladen", Gemeinde Ladis; oben rechts: keramische Wärmewand mit Warmhaltefach, Gemeinde Ladis; unten: gedrechselter Ofenfuß, rechts daneben profilierter Eckständer des Ofengestells, Gemeinde Ladis

Oberes Gericht

Bezirk Landeck

S. 56: oben: barockes Medaillon mit IHS-Signum, Gemeinde Fiss; unten links: zweifeldrige Stubentür mit bemerkenswerter Angel, Gemeinde Kauns; unten rechts: keramische Wärmewand, Gemeinde Kauns

S. 57: oben links: Herrgottswinkel, Gemeinde Faggen; oben Mitte: Stuhl mit gerader Lehne, Gemeinde Faggen; oben rechts: Detail eines gedrechselten Tischbeins, Gemeinde Faggen; unten: Wandgetäfel mit Garderobebrett, Gemeinde Faggen

Bezirk Imst

Der Bezirk Imst

Folgt man nun der Inntalschiene entlang nach Osten und durchschreitet das Landecker Becken Richtung Bezirk Imst, setzen sich die zuvor erwähnten Stilelemente fort, lediglich das Beiwerk zum Ofen fällt etwas bescheidener aus, ebenso geht der Anteil an Zirbenholz vor allem in den nördlich des Inns gelegenen Teilräumen beim Stubenbau weiter zurück. Die größte Änderung hinsichtlich der Stubenkultur ergibt sich aus dem Hinzutreten der konischen Ofenform, die im Volksmund als Ötztaler Fassl bezeichnet wird und die in allen Teilräumen des Bezirkes dominiert. Das unmittelbare Umfeld des Stubenofens, welches seinen Ausdruck in einer Kienspannische und/oder einer Wärmewand finden kann, ist bezirksweit zwar nicht ausschließlich, so doch vornehmlich auf die inneralpinen Lagen des Pitz- und Ötztales beschränkt. Können im Pitztal die gemauerten Wärmewände mit ihren einfachen oder doppelten Wärmefächern als die Stubenkultur mitprägendes Element angeführt werden, so sind es im Ötztal die wuchtigen vertikalen Holzschuber, welche die Kienspannische abdecken, die man als regionales Spezifikum angeben kann. Im Ötztal weist in seltenen Fällen jenes Stubeneck, in dem sich der Herrgottswinkel befindet, abgeschrägte Form auf. Damit war eine Fläche geschaffen worden, die den Vorteil einer Schauseite zur Stubenmitte hin hatte. Bilder religiösen Inhalts, beispielsweise großflächige Krippenbilder zur Weihnachtszeit, erfreuten die Hausbewohner. In der Tiroler Bauernstube finden sich in Summe betrachtet relativ wenige Jahreszahlen, die an unterschiedlichen Stellen in der Stube platziert sein können. Jahreszahlen werden üblicherweise in zweigeteilter Form rechts und links oberhalb der Tür eingekerbt. Im Ötztal erfolgt keine Zweiteilung der Zahlenreihe, sondern immer eine Einkerbung am linken Eck oberhalb der Tür. Unter Beibehaltung der zuvor erwähnten stubenkulturellen Merkmale geht der Anteil der zur Gänze getäfelten Stuben auf dem Mieminger Plateau und dem angrenzenden Gurgltal deutlich zurück.

Bezirk Imst

S. 60: Stubeneck mit gemauertem Ofen, im Hintergrund das Stiegenloch, Gemeinde St. Leonhard
S. 61: oben: Türgesims mit Inschrift; unten links: Kapitell und Pilaster, Gemeinde St. Leonhard; unten rechts: eines von fünf Deckenmedaillons, Gemeinde St. Leonhard

Pitztal

Bezirk Imst

S. 62: oben: Herrgottswinkel, Gemeinde St. Leonhard; unten links: Maria, Gnadenbild von Fatima, Gemeinde St. Leonhard; unten rechts: in das Getäfel integrierte Schubladen, Gemeinde St. Leonhard. S. 63: Kienspannische, Gemeinde St. Leonhard

Pitztal

Bezirk Imst

S. 64: Stubeneck mit gemauertem Ofen mit Nische und Lotterbank, Gemeinde Ötz
S. 65: oben: Stubendecke mit barockem Vierpass und IHS-Signum, Gemeinde Ötz; unten links: offene Kienspannnische, Gemeinde Ötz; unten rechts: geschmiedeter Beschlag, Gemeinde Ötz

Ötztal

Bezirk Imst

S. 66: oben links: Standuhr, Gemeinde Mieming; oben rechts: Immaculata, Gemeinde Mieming; unten: Stubeneck mit zylindrisch geformtem Ofen, Gemeinde Mieming
S. 67: Herrgottswinkel, Gemeinde Mieming

Mieminger Plateau

Bezirk Imst

S. 68: oben: polygonaler Erker mit bemaltem Stuck in Form des Lebensbaumes, Gemeinde Umhausen
unten links: integriertes Wandkästchen mit Schuppenpilastern, Gemeinde Umhausen
unten rechts: Wandgetäfel mit profilierten Leisten und Fries, Gemeinde Umhausen
S. 69: flurbeschürter Ofen mit bemerkenswerten Reliefkacheln am Beginn des Aufbaus, Gemeinde Umhausen

Ötztal

Bezirk Imst

S. 70: Stubeneck mit integriertem Wandkasten und danebem befindlichem Bild des Hl. Nikolaus, Gemeinde Sautens
S. 71: oben links: Herrgottswinkel mit eingeschobenem „Kalvarienbergbild" im Hintergrund; oben rechts: Kienspannische mit vertikalem Schuber, Gemeinde Sautens
unten: Stubeneck mit gemauertem Ofen, Gemeinde Sautens

Ötztal

71

Bezirk Imst

S. 72: oben links: Herrgottswinkel, Gemeinde Wildermieming
oben rechts: Standuhr, Gemeinde Wildermieming
unten: keramische Wärmewand mit Putztürchen, Gemeinde Wildermieming
S. 73: Stubeneck mit gemauertem Ofen und Kienspannische, Gemeinde Wildermieming

Mieminger Plateau

Bezirk Imst

S. 74: Gemauerter Stubenofen als küchenbeschürter Hinterlader, Faustwärmer und dekorative Barockkacheln am unteren Ende des Aufbaus, Gemeinde Längenfeld
S. 75: Auge Gottes im Blattkranz des Medaillons, Gemeinde Längenfeld; unten rechts: Schubladenkästchen, Gemeinde Längenfeld
unten links: Herrgottswinkel, Gemeinde Längenfeld

Ötztal

Bezirk Imst

S. 76: oben: bemalter Hl. Geist mit Strahlenkranz, Gemeinde Ötz
unten links: Wandkästchen umrahmt von Pilastern und Gesims mit Fries, Gemeinde Ötz
unten rechts: Mater dolorosa, Gemeinde Ötz
S. 77: Stubentür mit bemerkenswerten Kapitellen und Friesbändern im Umfeld, Gemeinde Ötz

Ötztal

Bezirk Imst

Seite 78: rechts oben: Herrgottswinkel mit Hl. Geist, Gemeinde Ötz; links oben: Pilasterumrahmung der Stubentür mit Bekrönung, Gemeinde Ötz; unten: profilierte Felderdecke mit barockem Medaillon („Schöpfung"), Gemeinde Ötz
Seite 79: oben: Türgesims mit Fries und Jahreszahl, Gemeinde Ötz; unten links: geschmiedeter Beschlag, Gemeinde Ötz; unten rechts: Wandkästchen mit darunter befindlicher Nische, Gemeinde Ötz

Ötztal

Bezirk Imst

S.80:
Mariahilfbild, daneben Ranzen mit Federkielstickerei, Gemeinde Silz

S.81:
oben links: Wanduhr, Gemeinde Silz
oben rechts: Kreuz, flankiert von einem Herz-Jesu- und einem Herz-Maria-Bild, Gemeinde Silz
unten: Stubeneck mit küchenbeschürtem Ofen und gemauerter Wärmewand, Gemeinde Silz

Inntal

Bezirk Reutte

Der Bezirk Reutte

Mit dem Fortsetzen der stubenkulturellen Reise durch das Außerfern betritt der Leser den alemannischen Kulturkreis. Erstmals wird eine – vor allem im Lech- und Tannheimer Tal – schon sehr bürgernahe Stubenkultur präsentiert, die zu den schönsten und ausdrucksstärksten Formen bäuerlichen Wohnens im gesamten Alpenraum zählt, deren ofenkulturelle Substanz sich weitgehend gemauert dargelegt. Zur Charakteristik der bäuerlichen Stube im oberen Lechtal, die zur Gänze aus Fichtenholz gestaltet wird, gehört der pentagonale Block, der als einzige Ofenform Tirols ein hölzernes Gesims aufweist. Je weiter man sich lechabwärts bewegt, desto mehr mengen sich kuppelförmige, in manchen Fällen auch würfelförmige Öfen ein. Unabhängig von der Form des Stubenofens findet sich in jeder Bauernstube des Lechtales ein zweiarmiges Ofengestänge, das verzapfbar ist. Ihnen allen steht merkmalgebend für diesen Teilraum die Gutsche zur Seite, die sich zwar auch in anderen Bezirksteilen belegen lässt, nirgendwo tritt sie aber in derart kunstvoll ausgeführter Form auf: „flache" und „hochgezogene" Ausführungen geben der Stube eine individuelle Note. Immer eng an den Ofen geschmiegt, umrahmt sie mit der einfachen Ofenbank die hauptsächlich niedrigen Ofenformen des oberen Lechtales, findet sich aber auch in höher ausgeführter Form bei kuppelförmigen Öfen im unteren Lechtal. Haftet der erste Blick des Betrachters auf den bunt bemalten Stubenuhren, so fallen in zweiter Linie vor allem die zentralen Deckenfelder auf, die im Gegensatz zu anderen Landesteilen kaum religiöse Motive beinhalten. Geometrische Muster oder „blinde" Felder zieren die Decke, die ihrerseits rasterförmig über die flachen und kaum profilierten Leisten in das Wandgetäfel übergeht. An den Schnittpunkten der Deckenleisten werden die Stöße von variantenreich ausgesägten Plättchen abgedeckt. Aus Messing geformte Türknäufe, Klinken, Weihwasserkesselchen und Türschlösser betonen den bürgerlichen Charakter der Stuben. Dokumentiert sich im Lechtal die Verwendung von Stuck als Ausdruck einer hochstehenden Wohnkultur in den Kammern, so hält Stuck in den anderen Teilen des Bezirkes in marginaler Weise auch in den ungetäfelten Stuben Einzug, zumeist in Form einfacher Stuckleisten, die farblich von der geputzten Decke abgesetzt sein können. Stellt der gemauerte kuppelförmige Stubenofen mit einem Umfang bis zu 5 Metern das ofenkulturelle Rückgrat im Bezirk dar, so bereichern im Tannheimer Tal und im Reuttener Becken vereinzelt dunkelbraune spätbarocke Öfen mit kubischen Aufbauten (in manchen Fällen mit Leisten zwischen den Kachelreihen, die auch im nahe gelegenen Allgäu und im Bregenzerwald vorzufinden sind), aber auch im zu Ende gehenden 19. Jahrhundert hergestellte industrielle Öfen die örtliche Stubenkultur. Die im Reuttener Becken und im Raum Zwischentorens ungetäfelten oder teilvertäfelten Stuben erfahren durch zarte Schablonenmalerei eine Milderung ihres grundsätzlich nüchternen Charakters. Die zumeist konisch verlaufenden Ofenstiegen und die gusseisernen Wärmewände der Region, die heutzutage nur mehr sehr selten anzutreffen sind, haben tirolweiten Einmaligkeitscharakter. Letztere zählen mit gutem Recht zum Besten, was die Tiroler Stubenkultur zu bieten hat.

Bezirk Reutte

Lechtal

S. 84: oben: Stubeneck mit prächtigem Herrgottswinkel und Butzenscheiben, Gemeinde Holzgau; unten: Stubeneck mit pentagonalem Ofen und einfachem Leistengetäfel, Gemeinde Elbigenalp
S. 85: ornamentale Plättchen am Stoß der Deckenleisten, Gemeinde Elbigenalp

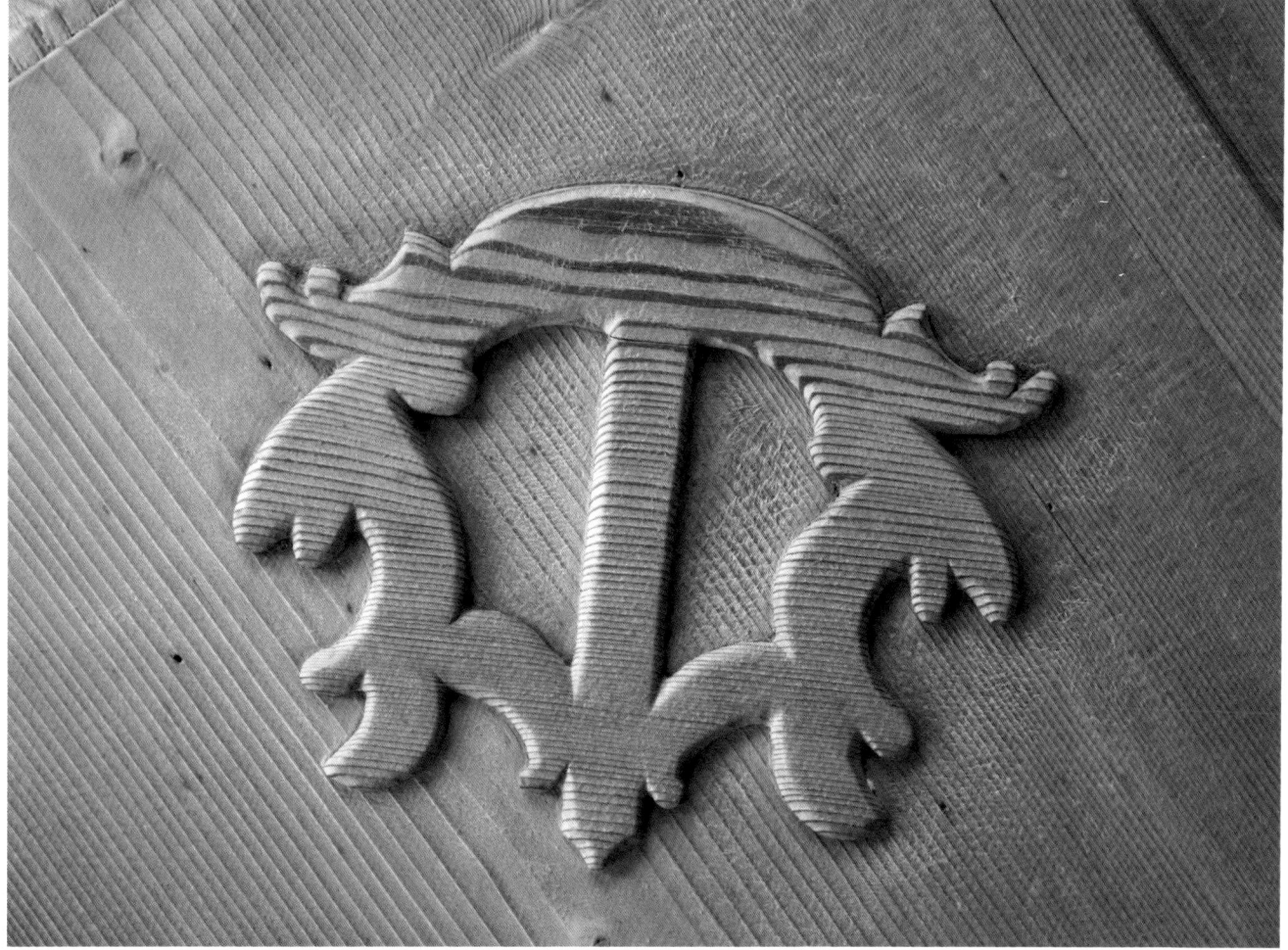

Bezirk Reutte

S. 86: Stubeneck mit Wandkasten und Standuhr, Gemeinde Steeg
S. 87: oben links: Taschenuhrhalter, Gemeinde Steeg; oben rechts: Spinnrad, Gemeinde Elbigenalp; unten links: Medaillon „Maria, Mutter der Schönen Liebe", Gemeinde Steeg; unten rechts: Weihwasserkesselchen, Gemeinde Steeg

Lechtal

Bezirk Reutte

S. 88: spätbarocke Tür, Gemeinde Steeg
S. 89: Raumviertel mit Kredenz und gemauertem Ofen aus der Biedermeierzeit, Gemeinde Steeg

Lechtal

Bezirk Reutte

S. 90: bürgerlich anmutende Wohnkultur in der Schlafkammer, Gemeinde Elbigenalp
S. 91: oben links: Standuhr, Gemeinde Elbigenalp
oben rechts: Stuckrosette, Gemeinde Bach
unten: Waschgeschirr aus der Zeit der Jahrhundertwende, Gemeinde Elbigenalp

Lechtal

Bezirk Reutte

S. 92: einfache Decke mit prächtigem Mittelstück, Gemeinde Elbigenalp
S. 93: links: Biedermeierkredenz, Gemeinde Elbigenalp; oben rechts: Polsterlehnstuhl aus der Biedermeierzeit, Gemeinde Elbigenalp; unten rechts: dekorativer Lampenschirm aus der Jahrhundertwende, Gemeinde Ebigenalp

Lechtal

Bezirk Reutte

S. 94: Stubeneck mit einfach profiliertem Leistengetäfel und bemerkenswerter Tür im Hintergrund, Gemeinde Grän
S. 95: links oben: gedrechseltes Spinnrad, Gemeinde Grän; rechts oben: Detail von Bild S. 94 des bemalten Ofens, Gemeinde Grän; unten: Flurbeschürter gemauerter Ofen mit Jugendstilmalereien, Gemeinde Grän

Tannheimer Tal

Bezirk Reutte

S. 96: flurbeschürter gemauerter Stubenofen mit kupfernem Wasserbehälter, Gemeinde Tannheim
S. 97: oben: bemalte Kommode mit einfachem Blumenband, Gemeinde Grän; links unten: sechsfeldriger Kasten, Gemeinde Grän; rechts unten: Hinterglasmalerei; Gemeinde Grän

Tannheimer Tal

Bezirk Reutte

S. 98: oben: Treppenaufgang zur oberen Stube, Gemeinde Tannheim; unten: Konsoluhr, Gemeinde Tannheim. S. 99: Barocker Prunkofen, in der für das Tannheimer Tal typischen Braunfärbung, Gemeinde Tannheim

Tannheimer Tal

Bezirk Reutte

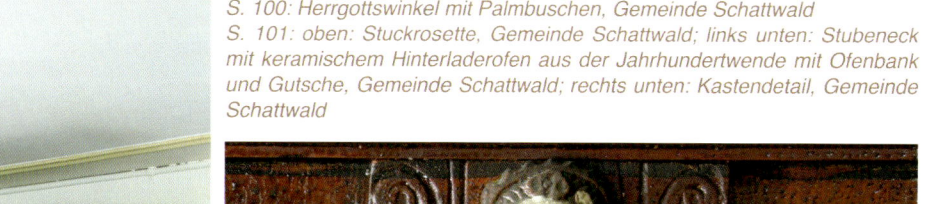

S. 100: Herrgottswinkel mit Palmbuschen, Gemeinde Schattwald
S. 101: oben: Stuckrosette, Gemeinde Schattwald; links unten: Stubeneck mit keramischem Hinterladerofen aus der Jahrhundertwende mit Ofenbank und Gutsche, Gemeinde Schattwald; rechts unten: Kastendetail, Gemeinde Schattwald

Tannheimer Tal

Bezirk Reutte

S. 102: oben links: Hinterglasmalerei, Gemeinde Pinswang; oben rechts: Ofenbank mit Schuhablage, Gemeinde Pinswang; unten: Stubeneck mit keramischem Hinterlader, gesetzt 1912, Gemeinde Pinswang
S. 103: „Heiliger Wandel" an der Wand und Maria mit Kind auf der Kommode, Gemeinde Pinswang

Zwischentoren

Bezirk Reutte

S. 104: ungetäfelte Kammer mit gemauertem Ofen, Gemeinde Biberwier
S. 105 oben: dekorative Schablonenmalerei, Gemeinde Biberwier
unten: Ewiges Licht, Gemeinde Biberwier

Zwischentoren

Bezirk Reutte

S. 106: oben links: Herrgottswinkel Gemeinde Biberwier; oben rechts: gusseiserne Wärmewandplatte, datiert 1697, Gemeinde Biberwier; unten links: marmorierter Kammerofen mit hölzernem Unterbau, Gemeinde Biberwier; unten rechts: zweifeldrige Stubentür, Gemeinde Ehrwald
S. 107: Stubeneck mit kuppelförmigem Ofen und gusseiserner Wärmewand, Gemeinde Ehrwald

Zwischentoren

Bezirk Innsbruck

Der Bezirk Innsbruck

Die Tradition der ungetäfelten randalpinen Stube setzt sich im Bezirk Innsbruck in der Region des Seefelder Plateaus fort, findet in der Inntalschiene eine Abänderung Richtung teilgetäfelt, um inneralpin ihren Ausdruck wiederum in „zur Gänze getäfelt" zu finden. Wohl als Ableitung vom Ötztaler Fassl bereichert mit der Form des gemauerten Halbkonus eine neue Ofenform die Tiroler Stubenkultur, die sich auf sämtlichen Mittelgebirgsterrassen um Innsbruck belegen lässt. Ofengestell und Ofenliege bilden das einzige Beiwerk zum Stubenofen, welches in der Inntalschiene bereits einen deutlichen Rückgang im Vergleich zu den Hangterrassengemeinden aufweist. Als transalpine Talschaft kommt dem Wipptal im Sinne eines eigenständigen Kulturraumes gesteigerte Bedeutung zu. Die prägendsten Elemente finden ihren Ausdruck im halbtonnenförmigen Ofen und in den wuchtigen Bohlenbalkendecken; beide Elemente prägen ja auch die Stube auf der Südtiroler Seite des Wipptales. Von Süd nach Nord nehmen diese klassischen Merkmale ab, werden durch die Kassettendecke und kubische, mitunter auch halbkonische Ofenformen am nordöstlichen Saum ersetzt. Obwohl die gemauerten halbtonnenförmigen Öfen in der Wipptaler Stube beachtliche Ausmaße erreichen können, kann man auf Grund ihrer geringen Höhe nicht behaupten, dass sie das Erscheinungsbild der Stube dominieren. Viel mehr sind es die geschnitzten und/oder bunt bemalten Wangen der Kopfbretter, welche einen Blickfang darstellen und dem Betrachter auf Grund der karikierenden Darstellung mancher Köpfe (der Hausbesitzer?) ein Lächeln abringen. Der die Ofenliege mittragende Hauptständer ist generell durchgehend ausgeführt und im obersten Abschnitt zur Decke hin beschnitzt. Zentrale Deckenmedaillons lassen sich zwar auch in der Wipptaler Stube belegen, bedingt durch das Vorherrschen der Bohlenbalkendecke sind diese jedoch nur sehr spärlich anzutreffen. Kräftige Profilierungen und das immer wiederkehrende Motiv des Zinnen- und Zahnschnittfrieses bei Wandkästchen belegen eine gediegene Wohnkultur. Der Raum östlich von Innsbruck bietet eine Vielzahl von außergewöhnlich reichhaltigen Stuben aus unterschiedlichen Epochen. Diese Reichhaltigkeit hat ihre Begründung in der Nähe zum städtischen Kulturraum, aber auch in einem leistungsfähigen Hafnergewerbe vor Ort. Damit verbunden ist eine starke Zunahme gemischt errichteter bzw. komplett gekachelter Stubenöfen. Talboden- und Hangterrassengemeinden unterscheiden sich – wie in anderen Landesteilen Tirols auch – hinsichtlich ihrer stubenkulturellen Ausformung insofern, als sich am Berg der gemauerte Ofen und am Talboden zum überwiegenden Teil bereits der gekachelte Stubenofen findet.

Bezirk Innsbruck

S. 110: oben: Türbekrönung; Gemeinde Kematen; unten links: Herrgottswinkel, Gemeinde Kematen; unten rechts: zweiflügeliger Schrank auf Kugelfüßen, Gemeinde Kematen
S. 111: Stubeneck mit Wandkästchen und Nische, Gemeinde Kematen

Inntal

Bezirk Innsbruck

S. 112: bemerkenswerte Türumrahmung in Form von Pilastern und Kapitellen, Gemeinde Telfs S. 113: oben: Corpus, Gemeinde Telfs; unten links: raummittig gelegenes „Ötztaler Fassl", Gemeinde Telfs; unten rechts: marmornes Wasserbecken, datiert 1583, Gemeinde Telfs

Inntal

Bezirk Innsbruck

S. 114: oben links: Stuhl mit gerader Lehne, Gemeinde St. Sigmund; oben rechts: Kästchenfront, Gemeinde Natters; unten: Stube mit gemauertem Ofen und keramischer Wärmewand, Gemeinde St. Sigmund

Inntal

S. 115: oben: Decke und Ofengestell mit Laubstabfries, Gemeinde Unterperfuß; unten links: Handtuchrolle, Gemeinde Unterperfuß; unten rechts: Herrgottswinkel, Gemeinde Unterperfuß

Bezirk Innsbruck

S. 116: oben: umfassende Bemalung des Stubengetäfels, Gemeinde Tulfes; unten: Wiege mit stirnseitigem Segenszeichen, Gemeinde Tulfes
S. 117: bemalter Milchkasten mit Signum, daneben Standuhr, Gemeinde Tulfes

Inntal

Bezirk Innsbruck

S. 118:
oben links: Corpus, Gemeinde Steinach
oben rechts: Standuhr, Gemeinde Steinach
unten: Bohlenbalkendecke, Erker mit Feldergetäfel, Gemeinde Steinach
S. 119:
Stubeneck mit keramischer Halbtonne aus spätbarocker Zeit, Gemeinde Steinach

Wipptal

Bezirk Innsbruck

S.120: oben: Herrgottswand, Gemeinde Steinach; unten links: Detail des Milchkastens, Gemeinde Obernberg
unten rechts: Stubeneck mit gemauerter Halbtonne, Gemeinde Steinach
S. 121: oben links: geschmiedeter Schlangenkopfbeschlag, Gemeinde Steinach; oben rechts: Detail des beschnitzten Ofengestellständers, Gemeinde Steinach; unten: Mittelstück der gefelderten Decke, Gemeinde Obernberg

Wipptal

Bezirk Innsbruck

Navis

S. 122: oben: bemaltes Deckenfeld mit Achtstern und Hl. Geist, Gemeinde Navis; unten links: Detail der skulpturalen Türumrahmung, Gemeinde Navis; unten rechts: Kopfbrett der Ofenliege, Gemeinde Navis

S. 123: oben: Herrgottswand, Gemeinde Navis; unten links: Kammertüren mit „Auge Gottes" und Inschrift, Gemeinde Navis; unten rechts: integriertes Wandkästchen auf bemaltem Wandgetäfel, Gemeinde Navis

Bezirk Innsbruck

S. 124: Tür, daneben kubisch geformter Ofen und Ofenliege, Gemeinde Telfes
S. 125: oben: Kranzbalken mit Weinlaubmotiv und Jahreszahl, Gemeinde Telfes; unten links: Ranzen mit Federkielstickerei, Gemeinde Ellbögen; unten rechts: Herrgottswinkel, Gemeinde Telfes

Stubaital

Bezirk Innsbruck

S. 126: Dreibeinsessel, Gemeinde Volders
S. 127: oben links: barocke Türumrahmung, Gemeinde Volders; oben rechts: Hl. Geist an der profilierten Felderdecke, Gemeinde Volders; unten: Wandgetäfel mit Standuhr, Gemeinde Volders

Inntal

Bezirk Innsbruck

S. 128: oben: geschnitztes Deckenfeld mit Inschrift und Hl. Geist, Gemeinde Wattenberg; unten links: florale Schnitzereien am gefelderten Wandgetäfel, Gemeinde Wattenberg; unten rechts: mit Rundstäben und Blüten verziertes Deckenfeld, Gemeinde Wattenberg
S. 129: Stubeneck mit gemauertem Ofen und stark beschnitzter Ofenliege, Gemeinde Wattenberg

Inntal

Bezirk Schwaz

Der Bezirk Schwaz

Folgt man nun dem weiteren Verlauf des Inns durch den Bezirk Schwaz, ergeben sich in stubenkultureller Hinsicht keine nennenswerten Unterschiede im Vergleich zum östlich gelegenen Umfeld der Landeshauptstadt. Erst mit dem Hinzutreten des inneralpinen Zillertales stößt man auf markante Änderungen. Die Stube in dieser inneralpinen Talschaft ist zur Gänze getäfelt, weist leicht überdurchschnittliche Größe auf, ist in den meisten Fällen durch einen runden Tisch mit Vorbänken charakterisiert. Die oberhalb der Stubentür auf einem Gesims stehenden geschnitzten Figuren stellen den Almauf- bzw. -abtrieb dar, bilden von nun an ein Charakteristikum in der Unterinntaler Stube. In manchen Stuben belegen auch die Hörner der Moarkuh (mit Jahreszahl) den Stellenwert der Almwirtschaft im Bewusstsein der Bauern. Das größte identitätsstiftende Merkmal kommt aber erneut dem Stubenofen zu. Vor Ort als Gaulofen bezeichnet, ist damit der halbtonnenförmige Ofen Zillertaler Ausprägung gemeint: das heißt, der Ofen kommt bestandbildend in gemischt errichteter Bauweise vor (rein gemauerte Überreste im hinteren Zillertal), die Halbtonne weist einen Überstand zum Feuerraum hin auf. Talauswärts tritt die kubische Ofenform sowohl in gemauerter als auch verkachelter Version hinzu. Beide Ofenformen weisen grundlegend ein Ofengestell auf, die Ofenliege findet ihre hauptsächliche Ausprägung allerdings nur beim Gaulofen. Besonders schön bemalte Schränke, bevorzugt im Grünton gehalten, und Truhen unterschiedlicher Farbgebung zeugen vom Sinn für eine gehobene Wohnkultur. Etwas gegensätzlich verhält sich die Situation im Achental. Ist es selbstverständlich, dass die Zillertaler Bauernstube zur Gänze getäfelt ist, so stellt in diesem rauen Hochtal „ungetäfelt" die historische Regel dar. Der dunkle Ton der offenen Bretterdecke kontrastiert zu den weiß getünchten Wänden sehr stark, wird manchmal nur durch die Verwendung kräftiger Farben bei den Stubenöfen übertroffen, die sich nahtlos in ihrer kubischen Ausprägung in das Ofengefüge des Unterinntales eingliedern. Findet sich dennoch eine spärliche Teilverkleidung in der Stube, so bezieht sich diese hauptsächlich auf die Decke, die keine weitere künstlerische Ausgestaltung erfährt.

Bezirk Schwaz

S. 132: Stubentür, Gemeinde Tux
S. 133: oben: Trockenstange, Gemeinde Tux; unten: gemauerter Gaulofen, Gemeinde Tux

Zillertal

Bezirk Schwaz

S. 134: oben: Handtuchrolle und Trockenstange, Gemeinde Aschau; unten: Stubeneck mit gemauertem Gaulofen, Gemeinde Gerlosberg
S. 135: oben: Zahnschnittfries mit Jahreszahl 1634, Gemeinde Tux; Unterzugsbalken, Gemeinde Tux

Zillertal

Bezirk Schwaz

S. 136: oben: Darstellung der „Moarkuh", Gemeinde Aschau; unten links: Seilzugrolle, Gemeinde Aschau; unten rechts: Türpendel für den Schließmechanismus der Stubentür, Gemeinde Aschau
S. 137: Gemischt errichteter Gaulofen, Gemeinde Aschau

Zillertal

Bezirk Schwaz

S. 138: flurbeschürter Hinterladerofen, Gemeinde Hart
S. 139: oben links: Wanduhr, Gemeinde Hippach; oben rechts: Glockenband mit Schelle, Gemeinde Hart; unten links: Ofenbank mit aufgesetzter Standuhr, Gemeinde Hart; unten rechts: Figur aus dem Zyklus „Almauftrieb", Gemeinde Schwendau

Zillertal

Bezirk Schwaz

S. 140: oben: Bohlenbalkendecke mit Schuber, Gemeinde Brandberg; unten links: Eichelhäher, Gemeinde Brandberg
unten rechts: Stubenkreuz, Gemeinde Brandberg
S. 141: Stubeneck mit Klapptisch und Herz-Jesu-Figur, Gemeinde Brandberg

Zillertal

S. 142: Herrgottswinkel mit Hl. Geist, Gemeinde Rohrberg
S. 143: oben links: Hängekästchen, Gemeinde Finkenberg; oben rechts: Ständerende, Gemeinde Finkenberg; unten: Schädel der „Moarkuh", Gemeinde Fügenberg

Zillertal

Bezirk Schwaz

S. 144: Stubenofen mit kubischem Aufbau, Gemeinde Ried
S. 145: oben: „Almauftrieb", Gemeinde Ried; Mitte: Eichenlaubornament am Unterzug, Gemeinde Ried; unten: Haflingergespann unter dem Herrgottswinkel, Gemeinde Ried

Zillertal

Bezirk Schwaz

S. 146: oben links: Wanduhr, Gemeinde Achenkirch; oben rechts: Türpendel, Gemeinde Achenkirch; unten: Stubeneck mit keramischem Ofen und vierfeldriger Tür, Gemeinde Achenkirch
S. 147: Herrgottswinkel mit Herz-Jesu-Bild, Gemeinde Achenkirch

Achental

Bezirk Schwaz

S. 148: Stubeneck mit küchenbeschürtem Kachelofen, Gemeinde Achenkirch
S. 149: oben: Herrgottswinkel, Gemeinde Achenkirch; unten links: Tischunterkonstruktion, Gemeinde Achenkirch; unten rechts: Stahlklammer zum Zusammenspannen der Tischbretter Gemeinde Achenkirch

Achental

Bezirk Schwaz

S. 150: oben links: Ofenpolster, Gemeinde Achenkirch; oben rechts: Weihwasserkesselchen, Gemeinde Achenkirch; unten links: geschmiedete Angel, Gemeinde Achenkirch; unten rechts: Ablagebrett am Unterzug, Gemeinde Achenkirch
S. 151: Stubeneck mit gekacheltem Hinterladerofen, Gemeinde Achenkirch

Achental

Bezirk Kufstein

Der Bezirk Kufstein

Setzt man die stubenkulturelle Reise im randalpinen Bereich ostwärts fort und betritt den Bezirk Kufstein, werden vorerst die prägenden Merkmale der nördlich des Inns gelegenen Regionen in großer Kontinuität beibehalten. Die Stuben bleiben ungetäfelt, erfahren lediglich durch die häufig anzutreffende Schablonenmalerei eine rhythmisch wirkende Belebung. Kasten, Kästchen und Uhrkasten – mitunter gleich bemalt – stellen das hauptsächliche Interieur dar. Kehrt man in die Inntalschiene zurück, so erkennt man an der Ausprägung der örtlichen Volkskultur, wie sehr die naturräumlichen Gegebenheiten die Wohnkultur beeinflussen können. Kramsacher Marmor findet nicht nur beim Gestalten der Hausportale, sondern auch im Inneren der Bauernhäuser Verwendung. Zargen, Herdeinfassungen, ja sogar Wasserbecken sind mit diesem Marmor gestaltet worden. In den inneralpinen Hochtälern findet die Tradition der ungetäfelten Stube ihre teilweise Fortsetzung; in diesem Falle lässt man allerdings die grob behauenen Balken an sich wirken. Kommt „teilgetäfelt" vor, bedeutet das hauptsächlich ein Vertäfeln der ansonsten offenen Bretterdecke. Die zur Gänze getäfelten Stuben südlich des Inns sind in den meisten Fällen jüngeren Datums, runden den Stubenbestand der Region ab. Unabhängig vom Grad der Vertäfelung wirkt der zentrale Unterzugsbalken in allen Stuben prägend. Die künstlerische Gestaltung des Unterzuges reicht vom einfachen Abfasen der beiden Unterkanten über eine komplette Verkleidung des gesamten Unterzugbalkens bis hin zu einer variantenreichen Beschnitzung. Verfolgen wir nun die sehr einheitlich gestaltete Unterinntaler Stubenkultur weiter nach Osten, treffen wir bis in den Pillerseeraum auf in gemischter Bauweise errichtete oder zur Gänze gekachelte Stubenöfen. Das Wärmefach als sogenannte Durchsicht oder als verschließbares Fach ist mit der Ofenkultur untrennbar verbunden. Im nordöstlichen Randsaum Tirols, in der Untere Schranne, legt sich die innere Organisation der Stube etwas anders dar, als das im „Rest Tirols" der Fall ist. Als einzigem Raum in der Tiroler Stubenlandschaft wird mehrheitlich der dem Stubenofen vorbehaltene Eckplatz nicht von diesem, sondern von einer Verbindungstür in die Küche eingenommen. Gezwungenermaßen „rutscht" der Stubenofen in die Raum- bzw. in Richtung Wandmitte. Die damit verbundene Küchenbeschürung des Stubenofens ist somit geradezu zwangslogisch, widerspricht allerdings der mehrheitlich üblichen Flurbeschürung im Unterinntal. Durch diese außergewöhnliche Raumlage des Stubenofens entsteht das Gefühl äußerst symmetrischer Stuben, stellt sich ein gewisser raumteilender Effekt ein, der insofern gemildert wird, als die Stubenöfen, bedingt durch einen sehr kurzen Ofenhals, häufig turmförmige Gestalt aufweisen. Die dunklen, offenen Bretterdecken bilden zu den weiß gekalkten, ungetäfelten Stuben einen starken Kontrast, der manchmal durch eine Bemalung der Bretterdecke mit geometrischen Mustern und Linien in hellen Farben aufgelöst wird, dessen Zielsetzung im Vorspiegeln einer Vertäfelung besteht. Die entlang der Stubenwände umlaufenden Bänke sind an ihren Enden jeweils stark geschwungen abgeschrägt. Der Herrgottswinkel, der zumeist durch ein dreieckförmiges Brett nach unten Richtung Stubenbank abgeschlossen wird, fällt allemal bescheiden aus. Unterdurchschnittlich kleine Kreuze und Korpusse belegen, dass man anstelle des „Memento mori" lieber dem „Carpe diem" den Vorzug gibt.

Bezirk Kufstein

S. 154: oben: Stubeneck mit küchenbeschürtem Hinterlader und bemalter Stubentür, Gemeinde Brandenberg; unten: Stubeneck der ursprünglich ungetäfelten Stube, Gemeinde Brandenberg
S. 155: oben links: bemaltes Wandkästchen mit darunter befindlicher Umlaufbank, Gemeinde Brandenberg; oben rechts: Wanduhr aus der Jahrhundertwende (19./20. Jh.), Gemeinde Brandenberg; unten: barockes Türschloss, Gemeinde Brandenberg;

Brandenbergtal

155

Bezirk Kufstein

S. 156: oben: Hochzeitsbild, datiert 1904, Gemeinde Brandenberg; unten: Herrgottswinkel, Gemeinde Brandenberg
S. 157: Stubeneck mit bemalter Standuhr und zweifeldriger Kammertür, Gemeinde Brandenberg

Brandenbergtal

Bezirk Kufstein

S. 158: oben: Regaldetail mit Handtuchrolle im Hintergrund, Gemeinde Alpbach; unten links: hölzernes Türpendel, Gemeinde Alpbach; unten rechts: verzierter Pfosten mit geschmiedetem Beschlag, Gemeinde Alpbach
S. 159: ungetäfeltes Stubeneck mit gemischt errichtetem Ofen, Gemeinde Alpbach

Alpbachtal

Bezirk Kufstein

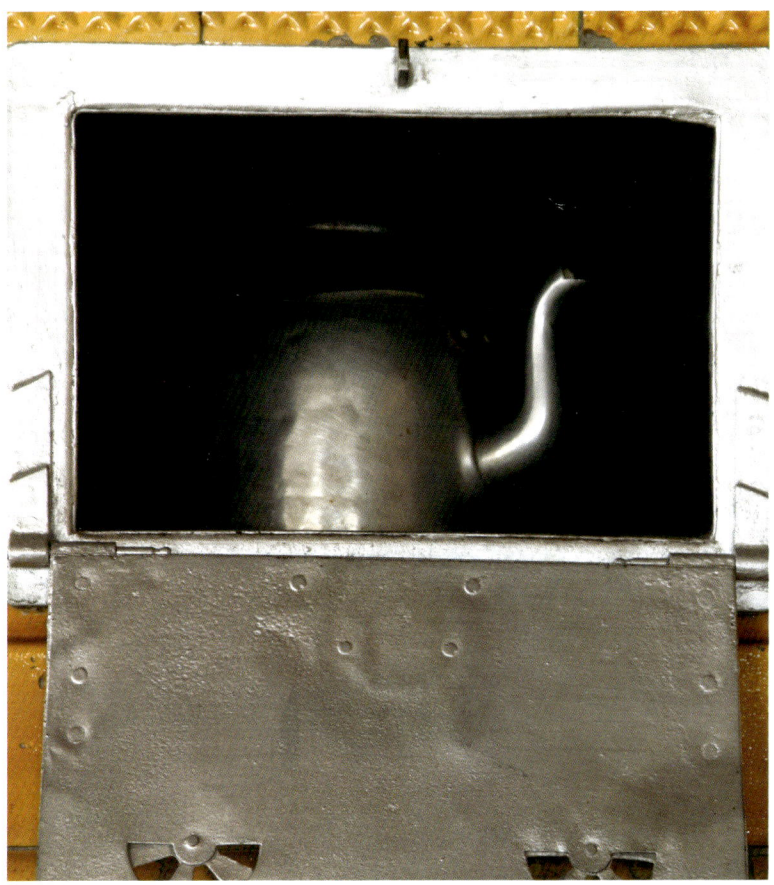

S. 160: Speistür, Gemeinde Wildschönau
S. 161: oben links: Warmhaltefach mit Teekanne, Gemeinde Wildschönau; oben rechts: Seilzugrolle an der Zarge, Gemeinde Wildschönau; unten links: geschmiedete Angel, Gemeinde Wildschönau; unten rechts: Kreuzschnäbel, Gemeinde Alpbach

Wildschönau

Bezirk Kufstein

S. 162: oben links: Wandkästchen, Gemeinde Alpbach; oben rechts: Herrgottswinkel, Gemeinde Wildschönau; unten: Regal, Gemeinde Alpbach
S. 163: Stubeneck mit gemischt errichtetem Ofen, Gemeinde Wildschönau

Alpbachtal

Bezirk Kufstein

S. 164: ungetäfeltes Stubeneck mit seitenbeschürtem Vorderladerofen, bemalte Bretterdecke in Form von Feldern, Gemeinde Schwoich
S. 165: oben: offene Bretterdecke mit Schablonenmalerei, Gemeinde Schwoich; unten: aufgedoppelter Unterzugbalken, Gemeinde Schwoich

Inntal

Bezirk Kufstein

S. 167: ungetäfeltes Stubeneck mit küchenbeschürtem Hinterlader, Gemeinde Niederndorf. S. 166: oben links: Standuhr, Gemeinde Niederndorferberg; oben rechts: Herrgottswinkel, Gemeinde Walchsee; unten: bemalter Kammerboden, Gemeinde Niederndorfberg

Untere Schranne

Bezirk Kufstein

S. 168: Stubeneck mit küchenbeschürtem Hinterladerofen, Gemeinde Walchsee
S. 169: oben links: Herrgottswinkel, Gemeinde Walchsee; oben rechts: Ofengestänge, Gemeinde Walchsee; unten: Beistelltisch, Gemeinde Going (Bezirk Kitzbühel)

Untere Schranne

Bezirk Kufstein

S. 170: Stubeneck mit küchenbeschürtem Hinterlader, Gemeinde Söll
S. 171: oben: abgefaster Unterzugsbalken mit zwei Trockenstangen, Gemeinde Söll; unten: Hennensteige, Gemeinde Söll

Söllland

Bezirk Kufstein

S. 172: oben: Herrgottswinkel, Gemeinde Wildschönau; unten: Rundtisch, Gemeinde Wildschönau
S. 173: Stubeneck mit kubisch geformtem Ofen, Gemeinde Wildschönau

Wildschönau

Bezirk Kitzbühel

Der Bezirk Kitzbühel

Betritt man über das Brixental den Bezirk Kitzbühel, befindet man sich in einer Hauslandschaft, welche den intensivsten Ausdruck der Holzbauweise in Tirol darstellt. Die Stubenkultur des Bezirkes Kufstein findet ihre grundsätzliche Fortsetzung auch im östlichsten Bezirk Nordtirols, das heißt, dass man vornehmlich auf ungetäfelte Stuben, in denen sich ein komplett gekachelter Stubenofen mit kubischem Aufbau befindet, stößt. Erst zu Beginn des 20. Jahrhunderts wurde es üblich, eine (teilweise) Vertäfelung in Form stehender Paneelbretter durchzuführen. In den sehr groß dimensionierten Bauernhäusern des Unterinntales – so auch im Bezirk Kitzbühel – wird der Großteil des häuslichen Lebens in die geräumige Küche verlegt, deren Charakteristikum der in der Mitte stehende Kachelherd ist. Da in diesen Fällen die Küche weitestgehend die Funktion der Stube übernimmt, finden sich auch alle Merkmale der klassischen Stube in der Küche vor: Herrgottswinkel, Herzjesumotiv, Handtuchrolle, Garderobebrett, Jagdtrophäen, Liege im zunächst gelegenen Eck des Kachelherdes und ein beschnitzter Unterzugsbalken. Auf Grund der Größe der eigentlichen Stube kann in solchen Fällen zumeist lediglich von einer Stubenkammer gesprochen werden. Bedingt durch die reine Holzbauweise finden sich Kästchen in der Stube immer in Form von Hängekästchen, die hauptsächlich quer im Eck platziert sind. Auch wenn es sich bei den Bauernhäusern im Brixental vorwiegend um reine Holzbauten handelt, sind manche Stuben verputzt und weisen eine zarte Schablonenmalerei auf. Das sehr lange Großachtal weist im Verlauf seiner Nord- Süderstreckung deutliche Unterschiede in der Stubengestaltung auf. Am Nordrand ungetäfelt, im südlichsten Abschnitt zur Gänze getäfelt. Offene Bretterdecken oder eine Teilvertäfelung der Stube in Form der Decke sind in der Region üblich; in seltenen Fällen mengen sich Bohlenbalkendecken ein. Besondere Erwähnung verdienen die ideenreich gestalteten Trockengestänge, welche radförmig oder länglich ausgeprägt am Unterzug befestigt das Auge des Betrachters auf sich ziehen.

Bezirk Kitzbühel

S. 176: ungetäfeltes Stubeneck mit flurbeschürtem Hinterlader und zwei Wärmeschubern in die Kammern, Gemeinde Kirchberg
S. 177: oben links: Corpus, Gemeinde Kirchberg
oben rechts: barockes Hängekästchen, Gemeinde Kirchberg
unten: fünffeldrige Truhe, datiert 1754, Gemeinde Kirchberg

Brixental

Bezirk Kitzbühel

S. 178: oben links: gemauerter Hinterlader mit „Gewölbe", Gemeinde Brixen
oben rechts: Schürloch, Wassergrandl, Putzziegel, Gemeinde Hopfgarten
unten: Tisch mit Einlegearbeit, Gemeinde Brixen
S. 179: gedrechseltes Türpendel, Gemeinde Hopfgarten

Brixental

Bezirk Kitzbühel

S. 180: Stubeneck mit gemischt errichtetem Hinterlader, Entstehungszeit ca. 1800, Gemeinde Reith
S. 181: oben: Trockenrad, Gemeinde Reith; unten: Handtuchrolle, Gemeinde Reith

Brixental

Bezirk Kitzbühel

S. 182: Stubeneck mit flurbeschürtem Hinterlader, gemischt errichtet, Gemeinde Jochberg; S. 183: oben: kupferne Wärmflasche, Gemeinde St. Johann; unten links: Trachtenhut, Gemeinde Jochberg; unten rechts: Lederband mit Glocke, Gemeinde Jochberg

Großachtal

Bezirk Kitzbühel

S. 184: Keramische Kammerwärmewand, Gemeinde St. Johann,
S. 185: ungetäfeltes Stubeneck mit flurbeschürtem Hinterlader, Gemeinde Schwendt

Großachtal

Bezirk Kitzbühel

S. 186: oben: geschmiedeter Beschlag, Gemeinde Schwendt; unten links: Gnadenbild von Wessobrunn („Mutter der Schönen Liebe"), Gemeinde Schwendt; unten rechts: geschnitzter Vogel, Gemeinde Schwendt
S. 187: Herrgottswinkel mit darunter befindlichem Rundtisch, Gemeinde Schwendt

Kohlental

Bezirk Kitzbühel

S. 188: oben: Bohlenbalkendecke, Gemeinde Fieberbrunn; unten links: Wandkästchen mit Konsole, Gemeinde Fieberbrunn; unten rechts: Herrgottswinkel, Gemeinde Fieberbrunn S. 189: Stubentisch mit Vorbänken, Gemeinde Fieberbrunn

Pillerseeregion

Bezirk Kitzbühel

S. 190: oben: Trockengerüst, Gemeinde Jochberg; unten links: Türgesims, Gemeinde Jochberg; unten rechts: Herrgottswinkel, Gemeinde Jochberg
S. 191: Stubeneck mit Standuhr, Gemeinde Jochberg

Großachtal

Bezirk Kitzbühel

S. 192: oben: Stubeneck, Gemeinde Kössen; unten links: Herrgottswinkel, Gemeinde Walchsee; unten rechts: flurbeschürter Hinterladerofen aus der Zeit der Jahrhundertwende, Gemeinde Kössen
S. 193: oben links: eintüriger Schrank mit Bemalungen, Gemeinde Kirchdorf; oben rechts: Stuhl mit gerader Lehne aus der Jahrhundertwende, Gemeinde St. Johann; unten: Schemel, Gemeinde St. Johann

Großachtal

Bezirk Schlanders

Stubenkultur in Südtirol

Wie bereits einleitend zu diesem Kapitel erwähnt, kann man mit gutem Recht die künstlerische Ausgestaltung der Stube in Südtirol in allen Landesteilen als besonders hochstehend bezeichnen. Zu diesem Faktum gesellt sich auch noch ein großes Maß an Einheitlichkeit der stubenkulturellen Merkmale. Diese Kontinuität findet ihren Ausdruck vor allem in Form des halbtonnenförmigen Stubenofens, der sich vom Lienzer Becken bis ins Bozner Unterland in erdrückender Dominanz vorfindet. Lediglich im westlichen und südlichen Randgebiet geht diese Dominanz stark zurück, um im Oberen Vinschgau überhaupt zu verschwinden. An zweiter Stelle muss die Bohlenbalkendecke erwähnt werden, der in weiten Landesteilen gegenüber der Kassettendecke der Vorzug gegeben wird. Dieses größere Maß an Einheitlichkeit im Vergleich zu Nordtirol findet seine Fortsetzung in der durchwegs großen Zahl religiöser Ausdrucksformen.

Der Bezirk Schlanders

Setzt der Leser seine stubenkulturelle Reise nun jenseits des Alpenhauptkammes im Bezirk Schlanders bzw. im Oberen Vinschgau fort, so stellt sich auf Grund der Formenvielfalt die Frage nach interregionalen Bezügen. Primär auf Grund der geschichtlichen Entwicklung hauptsächlich nach Nordtirol orientiert, ergeben sich nur untergeordnete Bezüge zum Engadin, die ihre vorrangige Ausdrucksform in der Bohlenbalkendecke, deren Balken getreppt sind, finden. Ansonsten ist die in Felder gegliederte Kassettendecke im gesamten Vinschgau üblich. Die gemauerten Trägerofenformen von primär „kubisch" und sekundär „zylindrisch" geben ähnlich wie im Oberen Gericht den Ton in der Stube vor Ort an. Ebenso verhält es sich mit dem sogenannten Umfeld des Ofens, welches grundlegend von einem Ofengestell, seltener bereits von einer Ofenliege und einer Ofenstiege gebildet wird. Immer wieder ergeben sich Einsprenkelungen gekachelter Öfen aus der Barockzeit, ohne dass man von einem gebietsbildenden Schwerpunkt sprechen kann. Gehört die Kienspannische im Oberen Gericht weitgehend zur Stubenkultur dazu, so lässt sich dieses nur mehr marginal im Oberen Vinschgau belegen, im weiteren Verlauf etschabwärts spielt es keine erwähnenswerte Rolle mehr. Ein weiterer Bezugspunkt zum Nordtiroler Oberland ergibt sich aus der Verwendung der sogenannten Brotladen, die im Vinschgau im unmittelbaren Ofenbereich entweder am Getäfel oder am Ofengestell eingehängt wurden. Im west-östlichen Verlauf der Talschaft setzt generell ein langsamer Wandel der hauptsächlich gemauerten Ofenkultur von „kubisch" Richtung Halbtonne ein. Hinsichtlich der religiösen Ausdrucksformen fällt auf, dass sich in vermehrter Weise im unteren Vinschgau Darstellungen des Heiligen Geistes belegen lassen, die oberhalb des Herrgottswinkels auf die Bretter- oder Kassettendecke gemalt sind.

Bezirk Schlanders

S. 196: oben links: Hängekästchen, Gemeinde Schlanders; oben rechts: Konsoltischchen, Gemeinde Schlanders; unten: fünffeldrige Sockeltruhe, Gemeinde Schlanders
S. 197: oben: bemaltes Medaillon mit Mariahilf-Darstellung, Gemeinde Martell; unten links: Wanduhr, Gemeinde Martell; unten rechts: Corpus, Gemeinde Martell

Vinschgau

Bezirk Schlanders

S. 198: spätbarocker Ofen, Gemeinde Glurns
S. 199: oben: profilierte Decke, Gemeinde Mals; unten links: Standuhr, Gemeinde Glurns; unten rechts: geschmiedeter Beschlag, Gemeinde Glurns

Vinschgau

Bezirk Schlanders

S.200: oben links: Herrgottswinkel, Gemeinde Graun; oben rechts: bemaltes Stubengetäfel mit Hl. Notburga, Gemeinde Graun; unten links: Mariahilfdarstellung, Gemeinde Graun; unten rechts: Wanduhr, Gemeinde Graun

Vinschgau

S.201: oben: Kienspannische mit horizontalem Schuber, Gemeinde Graun; unten: Stubeneck, in der Bildmitte Durchreiche mit darüber befindlicher Kienspannische, Gemeinde Graun

Bezirk Schlanders

S. 202: oben: Butterfass aus dem 19. Jahrhundert, Gemeinde Mals; unten links: Steinplatte als Fundament für den Ofen, Zugang zur Ofennische, Gemeinde Mals; unten rechts: Ofenbank, Gemeinde Mals
S. 203: gemauerter Stubenofen zylindrischer Form, Gemeinde Mals

Vinschgau

Bezirk Schlanders

S. 204: oben links: Pilaster mit Volutenkapitell, Gemeinde Laas; oben rechts: Friesband und Schuppenpilaster, Gemeinde Laas; unten: Flachschnitzereien, Gemeinde Laas
S. 205: Stubeneck mit keramischem Hinterlader aus dem 19. Jahrhundert. Gemeinde Laas

Vinschgau

Bezirk Schlanders

S. 206: dreiseitiger Erker, Gemeinde Laas. S. 207: oben: Deckenmedaillon mit Signum, datiert 1808, Gemeinde Laas; unten links: Kreuz mit einem Rosenkranz aus Früchten der Wassernuss (Pilgermitbringsel aus dem Hl. Land), Gemeinde Laas; unten rechts: Zinnkrug, Gemeinde Laas

Vinschgau

Bezirk Schlanders

S. 208: oben: Corpus mit Rosenkranz, Gemeinde Schluderns; unten links: Spinnrad, Gemeinde Schluderns; unten rechts: küchenbeschürter Stubenofen mit Ofenliege, Gemeinde Schluderns
S. 209: Klapptisch, Gemeinde Schluderns

Vinschgau

Bezirk Schlanders

S. 210: oben: „Brotflecken" und Milchkasten, Gemeinde Mals; unten links: Stubentür, Gemeinde Mals; unten rechts: Gråmmel
S. 211: Stubeneck mit konisch geformtem Ofen (untypisch für den Oberen Vinschgau), Gemeinde Mals

Vinschgau

Bezirk Schlanders

Vinschgau

S. 212: oben: Deckenmedaillon „Mariakrönung", Gemeinde Naturns; unten: dreiseitiger Erker, Gemeinde Naturns
S. 213: oben: Bohlenbalkendecke, Gemeinde Naturns; unten: Talglichthalter, Gemeinde Naturns

Bezirk Meran

Der Bezirk Meran

Weder das sogenannte Ötztaler Fassl als konische Ofenform noch Öfen mit kubischen Aufbauten, welche sich als Minderheit im oberen Wipptal südtirolerseits in den Bauernhäusern belegen lassen, finden sich als Kulturtransfer im verkehrsoffenen Passeiertal, über welches der Bezirk Meran betreten werden kann. Somit folgt das Passeiertal der allgemein inneralpinen Südtiroler Kulturtradition des gemauerten Stubenofens in Form der Halbtonne, der – auch bei Häusern mit Eckflurgrundriss – nicht zur Gänze im Eck steht. Die Halbtonne findet ihren Ausdruck in nicht durchgehender Form, hebt sich zum Feuerraum hin durch keinen Absatz ab, kann mitunter durch eine Drückung ihrer halbrunden Form beraubt werden. Die Konstruktion des Ofengestells folgt der in Südtirol im Allgemeinen üblichen Form des durchgehenden Hauptständers als sichtbarer Pfosten, welcher der Raummitte zugewandt ist. In Brusthöhe befestigte kantholzähnliche Leisten bilden die weiteren Auflagepunkte, die nicht bis zum Boden durchgehend sind. Im vergleichenden Sinne zu den umliegenden Teilräumen fehlt in der Stube des Passeiertales hinter dem Ofen die sogenannte Hölle, sind doch die Abstände zur nächstgelegenen Wand als minimal zu bezeichnen. Eine Minderheit von Stuben, die allesamt den Eindruck von „zur Gänze getäfelt" erwecken, weisen lediglich flache Profilleisten an der offenen Bretterdecke auf, d.h. dass die Füllungen fehlen und man eigentlich von einer Teilvertäfelung sprechen müsste. Das vorderste Passeiertal kann insofern bereits als südorientiert bezeichnet werden, leisten auch vereinzelt gekachelte Stubenöfen ihren Beitrag zum Reichtum der Stubenkultur, eben in Form jener halbtonnenförmigen Öfen, wie sie im Burggrafenamt üblich sind. Die kulturelle Reichhaltigkeit der bäuerlichen Wohnkultur im Zentralraum des Burggrafenamtes manifestiert sich nicht nur in einer großen Anzahl von sehr gut erhaltenen Stuben aus unterschiedlichen Epochen, sondern auch in einer überdurchschnittlichen Stubengröße, welche es ermöglicht, genügend Platz für den vergitterten Einbaukasten, der gleichzeitig als raumbestimmendes Merkmal definiert werden kann, zu schaffen. Diese große Vielgestaltigkeit findet in der mehr oder minder parallel bestehenden gemauerten und gekachelten Ofenkultur ihren ersten Ausdruck, welche über die Form der Halbtonne bzw. des kubisch geformten Ofens verbunden ist. Dass der Stubenofen in einem Eck platziert wird, dass er in seltenen Fällen in der Raum- bzw. in Richtung Wandmitte zu liegen kommt, ist eigentlich keiner besonderen Erwähnung wert; dass er sich allerdings in dem der Außenmauer zugewandten Eck befindet, schon. Diese im tirolweiten Vergleich außerordentliche Lage des Stubenofens lässt sich, beginnend mit dem Meraner Becken, über das Umfeld der Landeshauptstadt Bozen bis zur Landesgrenze bei Salurn in vielen Bauernhäusern belegen. Dass damit eine Küchenbeschürung der Öfen einhergeht, entspricht einer architektonischen Notwendigkeit. Salopp formuliert kann man sagen, dass die Lage des Stubenofens an einer Außenwand somit grundlegend an das Weinanbaugebiet gebunden ist, dass auf Grund seiner Klimawerte die Versottungsgefahr des Kamins deutlich geringer ist als in nördlicher gelegenen Gebieten. Je weiter man sich dem Überetsch bzw. dem Bozner Unterland nähert, desto mehr reduziert sich der Anteil an „zur Gänze getäfelt", wobei diese Tatsache auch für die Berggemeinden Gültigkeit hat. Somit treten „teilgetäfelt" und „nicht getäfelt" in vermehrter Weise auf. Parallel dazu fällt das sogenannte Beiwerk zum Ofen, bestehend aus Ofengestell und Ofenliege, doch etwas geringer aus als in den nördlich angrenzenden Teilräumen.

Bezirk Meran

S. 216: oben links: Weinkrug auf Regal stehend, Gemeinde Schenna; oben rechts: Standuhr, Gemeinde Schenna; unten: Glockspeishafen, Gemeinde Schenna
S. 217: Stubeneck mit gemauerter Halbtonne, Gemeinde Schenna

Burggrafenamt

Bezirk Meran

Burggrafenamt

S. 218: oben links: Corpus, Gemeinde Tscherms; oben rechts: Wandkästchen aus dem 17. Jahrhundert, Gemeinde Tscherms; unten links: Sarner Truhendetail mit Segenszeichen, Gemeinde Tscherms; unten rechts: Standuhr, Gemeinde Tscherms

S. 219: oben: kassettierte Decke mit wohlgeformtem Mittelstück und Hl. Geist, Gemeinde Tscherms; unten links: keramischer Kammerofen aus dem 18. Jahrhundert, Gemeinde Tscherms; unten rechts: Stubeneck mit Gitterkasten, Gemeinde Tscherms

Bezirk Meran

S. 220: oben: Hl. Geist mit Strahlenkranz, Gemeinde Meran; unten links: Herrgottswinkel, Gemeinde Meran; unten rechts: Lampenzug, Gemeinde Algund

S. 221: oben: Stubengetäfel, Gemeinde Schenna; unten: küchenbeschürte Halbtonne mit Ofenliege, Gemeinde Schenna

Bezirk Meran

S. 222: oben links: Endstück des Unterzugbalkens mit doppelter Hohlkehle, Gemeinde Schenna; oben rechts: küchenbeschürte Halbtonne, Gemeinde Schenna; unten: dreifeldrige Sockeltruhe, Gemeinde Schenna
S. 223: Stubeneck mit Herrgottswinkel, Ikone und Marienbild, Gemeinde Schenna

Burggrafenamt

Bezirk Meran

S. 224: oben: barocker Vierpass mit bemaltem Innenfeld und Hl. Geist, Gemeinde Nals; unten: bemaltes Stubengetäfel mit Darstellung des Fegefeuers (?), Gemeinde Tisens

S. 225: oben links: Herrgottswinkel mit ewigem Licht, Gemeinde Nals; oben rechts: Wachsstock, Gemeinde Tisens; unten: küchenbeschürte Halbtonne, datiert 1717, Gemeinde Tisens

Bezirk Meran

S. 226: Kamin mit Schürlochschuber und Ofengabel, Gemeinde Schenna
S. 227: oben: Kreuzrippengewölbe, Gemeinde Schenna; unten: Steinerner Flurboden, Gemeinde Tisens

Burggrafenamt

Bezirk Meran

S. 228: oben und unten: Mittelstück in Vierpassform mit IHS Signum, Gemeinde Moos; Mitte: Friesband, Gemeinde Moos
S. 229: flurbeschürte Halbtonne, Türgesims mit Inschrift, Gemeinde Moos

Bezirk Meran

S. 230: quaderförmiger Stubenerker, Gemeinde Marling
S. 231: oben: Türbereich mit Giebelfeld und dekorativen Elementen, Gemeinde Marling; unten links: Kapitell, Gemeinde Marling; unten rechts: Kapitell und Maskaron, Gemeinde Maling

Burggrafenamt

Bezirk Meran

S. 232: oben: kurze Trockenstange, Gemeinde Marling; unten: fünffeldrige Truhe, Gemeinde Marling
S. 234: Stubeneck mit gemauerter Halbtonne, Gemeinde Marling

Burggrafenamt

Bezirk Bozen

Der Bezirk Bozen

Von den Teilräumen des Bezirkes Bozen gilt das Überetsch wohl als der bekannteste, dessen legendäre Berühmtheit sich vor allem auf das Ansitzwesen bezieht, welches in allen Ausprägungen seine Wurzeln im Bauernhaus vor Ort hat. Auch in diesem Raum ist es die Ofenkultur aus unterschiedlichen Jahrhunderten, welche der Stube ihr entscheidendes Gepräge gegeben hat bzw. auch heute noch gibt. Trifft man in der Gegenwart nur mehr in außergewöhnlichen Fällen auf gemauerte Restbestände der Ofenkultur, so lassen sich gekachelte Öfen von dem Zeitalter der Renaissance bis hin zum Jugendstil umfassend belegen. Kubische, turmförmige und halbtonnenförmige Öfen erwärmen die Stube. Ist im inneralpinen Bereich grundsätzlich ein umfangreiches „Beiwerk" zum Ofen zu erwähnen, so gegensätzlich verhält sich die Situation im Überetsch. Lediglich das relativ einfach ausgeführte Ofengestell verdient Erwähnung. Dominiert im Ansitzwesen – man denke an die symmetrische Leitlinie des Saales – Flurbeschürung, so ist im sogenannten einfachen Bauernhaus Küchenbeschürung üblich. Gerade die Region Überetsch kann als Musterbeispiel für „das Andere im Raum" betrachtet werden, denn bezogen auf das Klima und eine nach Süden gewandte Kulturtradition entspricht „ungetäfelt" dem historischen Gewachsensein. Auf Grund der gesteigerten künstlerischen Gestaltungsmöglichkeiten, die eine teil- oder zur Gänze vertäfelte Stube zum Ausdruck bringen kann, bemühten sich die Wohlhabenden des Überetsch immer, eine Vertäfelung des wichtigsten Raumes im Haus zu erreichen. Kapitelle, Friese, Pilaster, Lisenen und Profile erfreuen in vielen Stuben das Auge des Betrachters, beeindrucken vor allem auf Grund der enormen Dichte in diesem kleinräumigen Gebiet. Immer wieder tritt - unabhängig ob Bauernhaus oder Ansitz - die tiefe Volksfrömmigkeit in Form des von der Decke herabhängenden Heiligen Geistes zu Tage. Fallen Weinbauerngehöft und Ansitz im Überetsch weitgehend zusammen, so wird die Streuung zwischen der Ansitzkultur und dem Bauernhof im Bozner Unterland doch eine breitere. Diese findet vor allem im gehäuften Vorhandensein einer gemauerten Ofenlandschaft im sogenannten einfachen Bauernhaus und einer zwar auch nicht durchgehenden, aber dennoch primär verkachelten Ofenkultur im Herrengehöft ihren Ausdruck. Wie allgemein üblich gilt auch im Bozner Unterland der Grundsatz, dass bei Ansitzen im Parterre in der Gesindestube der gemauerte Stubenofen und im ersten Stock in der Herrenstube der gekachelte Stubenofen Verwendung findet. Abgesehen vom größeren Grad an Vermauerung bei Stuben- und Kammeröfen gilt hinsichtlich der stubenkulturellen Merkmale dasselbe wie für das Überetsch. Bemerkenswerterweise lassen sich auch in der vertikalen Erstreckung des umschriebenen Raumes keine gravierenden stubenkulturellen Unterschiede feststellen. Als besonders schön empfindet der Betrachter die aus dem tridentinischen Nonsberg stammenden Kachelöfen aus dem späten 18. Jahrhundert, welche in der Stube kubisch, in der Kammer zylindrisch geformt sind. Hinsichtlich des kubisch bzw. halbtonnenförmig geprägten Ofenumfeldes in der Stube ergeben sich größere Unterschiede zwischen den Gehöften, die an der südlichen Weinstraße liegen, und jenen, die sich hangseitig an den Ausläufern der Fleimstaler Alpen befinden. Im klassischen Weinbauerngehöft findet sich, abgesehen von der Ofenbank, kein weiteres Beiwerk. Umgekehrt können Ofengestell und Ofenliege in den Plateaugemeinden auf der orographisch linken Etschseite als fixer Bestandteil der Ofenkultur gesehen werden. Reicht der Vertäfelungsgrad der Stuben zwar von „ungetäfelt" bis „zur Gänze getäfelt", so muss an dieser Stelle jedoch auf die unterschiedliche regionale Verteilung im Bozner Unterland hingewiesen werden. Dominiert „ungetäfelt" auf der rechten Etschtalseite, so ist der Grad an teilgetäfelten bzw. „zur Gänze getäfelten" Stuben auf der linken Etschseite ein beachtlicher, der seine Erklärung im Holzreichtum des nahe gelegenen Fleimstales hat. Dabei tragen nicht nur die Kassettendecken mit ihren tiefen Profilen, sondern auch die künstlerisch hervorragend gestalteten

Bohlenbalkendecken viel zum stubenkulturellen Reichtum der Region bei. Im Sarntal treffen wir auf zur Gänze getäfelte Stuben, die in Summe als groß zu bezeichnen sind. Damit verbunden ist ganz automatisch das Vorhandensein mächtiger Unterzüge, die entweder einfach gehalten oder variantenreich beschnitzt sein können. Der Bohlenbalkendecke wird im umschriebenen Gebiet klar der Vorzug gegeben, sodass man nur in einer Minderzahl an Fällen, wenn man sich eben doch für eine Kassettendecke in der Stube entschieden hat, auf ein zentrales Deckenfeld mit Kartuschenrahmen stößt. Die ausschließlich gemauerten und von der Küche aus beschürten Stubenöfen mit halbtonnenförmigem Aufbau stehen nicht zur Gänze im Eck und werden bevorzugt mit Drückung ausgeführt. Besonders auffallend hinsichtlich der Ofenkultur im Sarntal ist die Tatsache, dass die Breitseite der Stubenöfen als außerordentlich schmal zu bezeichnen ist und dass man von einer halbkreisförmigen Ausformung der Halbtonne mitunter recht weit entfernt ist. Somit weisen diese fragilen Wärmespender in manchen Fällen giebelförmige Gestalt auf. Die den Ofen umschließende Bank ruht nicht auf den sonst üblichen Docken, sondern erfährt ihre Stabilität durch einen Dreiecksverband, der Boden, Ständer und Bank umfasst. Die sogenannte Höllenbank hinter dem Ofen zu einer innenliegenden Wand hin lässt sich immer wieder belegen. Ihre spezifische Ausformung erfährt sie dahin gehend, dass die Bretter der darüber befindlichen Ofenliege ausgehängt werden können, sodass der Wärmesuchende stehen kann.

Mag man in gewissem Sinne von einer insularen Lage des Schlerngebietes sprechen, so trifft dieses Attribut auf die Stubenkultur mit Sicherheit nicht zu. Sämtliche charakteristischen Merkmale der Stube sind mit den umliegenden Räumen vernetzt, lediglich die Größe der zur Gänze getäfelten Stuben variiert beträchtlich. Auf alle Fälle erwärmt ein gemauerter Stubenofen entweder mit hauptsächlich halbtonnenförmigem oder giebelfömigem Aufbau den Raum. Die üblichen Ofenliegen weisen nicht immer einen bis zur Decke reichenden Hauptständer auf, sondern sind durch Ständer in Brusthöhe charakterisiert, deren Ende durch unterschiedlich geformte Knäufe gebildet wird. Die häufig anzutreffenden Zinnen- und Zahnschnittfriese, Schuppenpilaster und Volutenkapitelle belegen die kulturelle Prosperität des Schlerngebietes. Die innenliegende Wand zur Küche hin ist in vielen Fällen von einer Durchreiche, die von einem horizontalen Schuber verschlossen werden kann, durchbrochen.

Seite 327: Zargentisch im kreuzrippengewölbten Flur mit Erker im Hintergrund, Gemeinde Völs

Bezirk Bozen

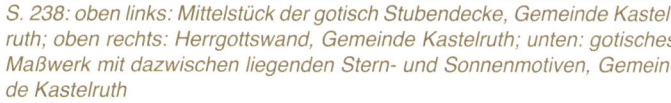

S. 238: oben links: Mittelstück der gotisch Stubendecke, Gemeinde Kastelruth; oben rechts: Herrgottswand, Gemeinde Kastelruth; unten: gotisches Maßwerk mit dazwischen liegenden Stern- und Sonnenmotiven, Gemeinde Kastelruth
S. 239: giebelförmiger Stubenofen mit Ofenliege, Gemeinde Kastelruth

Schlern

Bezirk Bozen

S. 240: Ofenliege, Gemeinde Völs
S. 241: oben links: Essigflasche, Gemeinde Völs; oben rechts: Wandkästchen, Gemeinde Völs; unten links: Stubeneck mit giebelförmigem Ofen, Gemeinde Völs; unten rechts: Herrgottswinkel, Gemeinde Völs

Schlern

Bezirk Bozen

S. 242: oben links: Corpus mit Strahlenkranz, Gemeinde Sarntal; oben rechts: bemalter Hl. Geist, Gemeinde Sarntal; unten: Stubengetäfel mit Wandtisch, Gemeinde Sarntal S. 243: Stubeneck mit gemauertem Ofen und Bohlenbalkendecke, Gemeinde Sarntal

Sarntal

Bezirk Bozen

S. 244: oben: Segenszeichen am Unterzug, Gemeinde Sarntal; unten links: Herrgottswinkel, Gemeinde Sarntal; unten rechts: bemaltes Wandkästchen, Gemeinde Sarntal
S. 245: Flur mit Kammertür, Gemeinde Sarntal

Sarntal

Bezirk Bozen

S. 246: oben: Hl. Geist mit Strahlenkranz, Gemeinde Sarntal
unten links: Tür mit Schlangenkopfbeschlag und Segenszeichen, Gemeinde Sarntal
unten rechts: Unterzugbalken mit Rolle und Hohlkehle, Gemeinde Sarntal
S. 247: Ofeneck mit küchenbeschürter Halbtonne und Ofenliege, Gemeinde Sarntal

Sarntal

Bezirk Bozen

S. 248: oben: Stubendecke mit viereckigem Mittelstück und Segenszeichen, Gemeinde Eppan; unten links: Stubentür mit bemerkenswerter Türangel und Schloss, Gemeinde Eppan; unten rechts: Details der Inschrift oberhalb der Tür, Gemeinde Eppan
S. 249: flurbeschürter keramischer Stubenofen, bestehend aus Renaissancekacheln am Feuerraum und einem barocken Aufbau, Gemeinde Eppan

Überetsch

Bezirk Bozen

S. 250: oben links: geschmiedeter Beschlag, Gemeinde Eppan; oben rechts: Herrgottswand, Gemeinde Eppan; unten: Kastendetail mit gedrehtem Pilaster, Gemeinde Eppan
S. 251: oben links: spätbarocker Stubenofen, Gemeinde Eppan; oben rechts: keramischer Weihwasserbehälter, Gemeinde Eppan; unten: Konfektschale aus der Jahrhundertwende, Gemeinde Eppan

Überetsch

Bezirk Bozen

S. 252: ungetäfelte Stube mit Wandkasten, Gemeinde Kaltern
S. 253: oben: profilierte Decke, Gemeinde Kaltern; unten links: barocke Kommode mit Aufsatz, Gemeinde Kaltern; unten rechts: Stubenofen mit Vorderladerbeschürung aus dem ausgehenden 19. Jahrhundert, Gemeinde Kaltern

Überetsch

Bezirk Bozen

S. 254: oben: kassettierte Decke mit quadratischem Mittelstück, Gemeinde Eppan; unten links: keramischer Spätrenaissanceofen mit bemerkenswertem Aufbau, Gemeinde Eppan; unten rechts: Intarsienarbeiten am Türgiebel, Gemeinde Eppan

Überetsch

S. 255: oben links: Jugendstillampe mit Zugmechanismus, Gemeinde Eppan; oben rechts: kupferner Weihwasserbehälter, Gemeinde Eppan; unten: Detail der Türumrahmungen - Flachschnitzereien, phantasievoll beschnitzter Türholm, Pilaster und Kapitelle, Gemeinde Eppan

Bezirk Bozen

S. 256: keramischer Stubenofen mit hexagonalem Aufbau aus der Mitte des 18. Jahrhunderts, Gemeinde Montan
S. 257: oben: prächtiger gotischer Unterzug mit Taustab, Gemeinde Montan; unten links: gotisches Wandgetäfel, Gemeinde Montan; unten rechts: Herrgottswinkel, Gemeinde Montan

Bozner Unterland

Bezirk Bozen

S. 258: oben: Hl, Geist mit Strahlenkranz, Gemeinde Montan; unten: halbrunder Deckenbalken mit zarter Profilierung, Gemeinde Montan

Bozner Unterland

S. 259: oben links: Herrgottswinkel mit Mariahilfbild und Votivtafel, Gemeinde Montan; oben rechts: Wandtisch, Gemeinde Montan; unten: dreifeldrige Truhe, Gemeinde Montan

Bezirk Brixen

Der Bezirk Brixen

Der historische Bezirk Brixen umfasst hauptsächlich den zentralen Raum des Eisacktales, dessen Durchzugscharakter sich in einer großen Vielgestaltigkeit der Wohnkultur offenbart, in welcher wir viele Merkmale parallel bestehend vorfinden: Stuben mit und ohne Deckenfeld, bemalte und nicht bemalte Stuben, Herrgottswand und Herrgottswinkel, gedrückte und nicht gedrückte Halbtonnen, Bohlenbalken- und Kassettendecke. Wiewohl sich aus bildlichen Darstellungen der Stube aus dem 19. Jahrhundert eine Dominanz der Bohlenbalkendecke ergeben würde, ist es die in Felder gegliederte Kassettendecke, die der Stube im vorliegenden Raum ihren Stempel aufdrückt. Als einigendes Band dieses Teilraumes können der in jeder Stube vorhandene Heilige Geist und die gemauerte Halbtonne angeführt werden. Immer wieder stößt man bei der relativ geringen Anzahl an ausgeschmückten Deckenfeldern auch auf „blinde" Deckenmedaillons mit Vierpassrahmen, in deren Mitte sich der Heilige Geist in Form einer Taube befindet. Ebenfalls erwähnenswert, weil selten vorkommend, sind die ohne eine erkennbare Schwerpunktbildung vorkommenden aufgedoppelten Schmuckfelder, denen ausschließlich ein religiöses Motiv zugrunde liegt. Gleichgültig, ob es sich um den dominierenden halbtonnenförmigen Ofen oder um den im südlichen Eisacktal und Grödnertal anzutreffenden giebelförmigen Stubenofen, die sämtlich nicht zur Gänze im Eck stehen, handelt, sie alle weisen ein wuchtiges Ofengestell mit sehr breiter Ofenliege auf, welche auch die sogenannte Ofenhölle überdeckt. Die für das Nordtiroler Wipptal geltenden stubenkulturellen Merkmale lassen sich umfassend auch auf Südtiroler Seite vorfinden. Erneut bezieht sich diese Aussage auch auf die Ofenkultur, finden sich doch zu beiden Seiten des Brenners in der Minderheit der Stuben auch kubisch gemauerte Öfen. Religiöse Ausdrucksformen treten auf Südtiroler Seite des Wipptales allerdings deutlicher hervor, mitunter auch in der Form der Darstellung der Mater dolorosa.

Bezirk Brixen

S. 262: oben: profilierte Felderdecke mit Hl. Geist, Gemeinde Ratschings; unten links: Herrgottswand, Gemeinde Ratschings; unten rechts: Ständerende mit Haken, Gemeinde Ratschings. S. 263: küchenbeschürte Halbtonne mit Ofenliege, Gemeinde Ratschings

Wipptal

Bezirk Brixen

S. 264: Stubeneck mit gemauerter Halbtonne, Gemeinde Freienfeld
S. 265: oben: Deckenfeld mit der Darstellung der Trinität, Gemeinde Freienfeld; unten links: Wanduhr, Gemeinde Freienfeld; unten rechts: Ahnenbilder, Gemeinde Freienfeld

Wipptal

Bezirk Brixen

S. 266: Kammerofen, Gemeinde Freienfeld. S. 267: oben: kassettierte Decke mit Verzierungen, Gemeinde Freienfeld; unten links: Flachschnitzereien bei einem Wandkästchen, Gemeinde Freienfeld; unten rechts: Mariahilf Bild, Gemeinde Freienfeld

Wipptal

Bezirk Brixen

S. 268: oben: aufgedoppeltes Medaillon mit Hl. Geist, Gemeinde Ratschings; unten links: gedrechselte Ziervögel, Gemeinde Wiesen-Pfitsch; unten rechts: küchenbeschürte Halbtonne mit Ofenliege, Gemeinde Wiesen-Pfitsch. S. 269: Herrgottswinkel, Gemeinde Wiesen-Pfitsch

Pfitschertal

Bezirk Brixen

S. 271: oben links: Eckständer mit Kopfbrett, Gemeinde Feldthurns; oben rechts: Standuhr, Gemeinde Feldthurns; unten links: Ständerdetail, Gemeinde Feldthurns; unten rechts: Sessel mit gerader Lehne, Gemeinde Feldthurns;
S. 270: küchenbeschürter Hinterlader aus der Zwischenkriegszeit mit sehr breiter Ofenliege, Gemeinde Feldthurns

Bezirk Brixen

S. 272: Herrgottswinkel, Gemeinde Feldthurns
S. 273: oben links: bemalter Weinkrug, Gemeinde Feldthurns; oben rechts: tektonische Gliederung des Wandgetäfels, Gemeinde Feldthurns; unten: profilierte Decke mit Holzschuber, Gemeinde Feldthurns

Eisacktal

Bezirk Brixen

S. 274: oben links: Herrgottswinkel, Gemeinde Lajen; oben rechts: Jagdtrophäe, Gemeinde Lajen; unten: Detail des Gestänges bei der Ofenliege, Gemeinde Lajen
S. 275: Stubeneck mit küchenbeschürter Halbtonne, Ofenliege und Kommode, Gemeinde Lajen

Eisacktal

Bezirk Brixen

S. 276: oben: Hl. Geist im zentralen Mittelfeld, Gemeinde Lajen; unten: Stubeneck mit Herrgottswinkel
S. 277: oben links: Standuhr mit daneben befindlichem Gitterkasten; Gemeinde Lajen; oben rechts: Wachsstock, Gemeinde Lajen; unten links: gemauerte Halbtonne mit Ofenliege, Gemeinde Lajen; unten rechts: Heiliger Antonius, Gemeinde Lajen

Eisacktal

Bezirk Brixen

S. 278: Stubeneck mit giebelförmigem Ofen und Ofenliege, Gemeinde Lajen. S. 279: oben links: Lampenseilzug, Gemeinde Lajen; unten links: geschmiedete Türangel, Gemeinde Lajen; rechts: Heiliger Jakobus, Gemeinde Lajen

Eisacktal

Bezirk Brixen

S. 280: oben links: Herz-Jesu Skulptur, Gemeinde Feldthurns; oben rechts: Marienbildnis, Gemeinde Feldthurns; unten: bemalter Hl. Geist mit Strahlenkranz, Gemeinde Feldthurns

Eisacktal

S. 281: onen links: Standuhr, Gemeinde Feldthurns; oben rechts: beschnitzte Stuhllehne, datiert 1903, Gemeinde Feldthurns; unten: profilierte Felderdecke, Gemeinde Feldthurns

Bezirk Brixen

S. 282: Stubentür mit Pilasterumrahmung und Friesbändern, Gemeinde Klausen
S. 283: oben links: Corpus, Gemeinde Feldthurns; oben rechts: breite Ofenliege mit einfachem Kopfbrett, Gemeinde Klausen; unten links: Ofennische mit Bank, Gemeinde Klausen; unten rechts: Pilasterbasis mit geschmiedetem Beschlag im Hintergrund, Gemeinde Klausen

Eisacktal

Bezirk Bruneck

Der Bezirk Bruneck

Setzen wir unsere Reise nun über das Pustertal in das östliche Südtirol fort, betreten wir den Bezirk Bruneck. Betrachtet man die inneralpinen Talschaften, halten sich die Unterschiede hinsichtlich der stubenkulturellen Merkmale im Vergleich zu den westlich gelegenen Teilräumen durchaus in Grenzen. Die gemauerte Halbtonne als Stubenofen, im umschriebenen Gebiet bündig an das Mauerwerk anschließend, dominiert auch in diesem Teilraum, lediglich die kleine Ablagefläche zur innenliegenden Wand hin bedeutet einen kleinen Unterschied im Vergleich zu den angrenzenden Teilräumen. Bemerkenswert schöne und vor allem variantenreich gestaltete Knäufe am Ofengestell zieren das Ende der hauptsächlich in Dreiviertellänge ausgeführten Hauptständer. Recht einheitlich geformte Pilaster in Form eines abgetreppten Rahmens mit glattem Innenfeld und leicht variierende Kapitelle, denen in den allermeisten Fällen das Motiv stilisierter Akanthusblätter zugrunde liegt, prägen das Stubengetäfel vor Ort. Sowohl im sogenannten einfachen Bauernhaus als auch im Ansitzanwesen findet man immer wieder Klapptische. Die vom Pustertal ausgehenden Täler Richtung Süden führen in den Zentralraum Ladiniens, in die (einst) abgeschiedene Bergwelt der zentralen Dolomiten, die es uns ermöglicht, auch heute noch die ganze Stubenpracht der bäuerlichen Wohnkultur vorzufinden. Realteilung und Holzbauweise nehmen in den nach Süden führenden Tälern zu, spiegeln sich in vielen Fällen in der Kleinheit der Stube wider. Erneut ist es der Stubenofen, in welchem sich das kulturelle Zusammengehörigkeitsgefühl einer Region ausdrückt. Die klassische Halbtonne mit Drückung als einigendem Band erfährt allerdings eine Variation: zum einen eine stark vorspringende Vermauerung am Beginn des Feuerraumes, zum anderen bis zu vier Ablageflächen an den Eckpunkten des Ofens, die häufig mit zwei Ablagebrettern verbunden sind. Ohne klar erkennbare gebietsmäßige Schwerpunktbildung mengen sich mitunter giebelförmige Öfen ein. Bedingt durch die Nähe des Fassatales kann der Zentralraum Ladiniens wohl als bevorzugtes Arbeitsgebiet der Fassataler Wandermaler betrachtet werden. Überdurchschnittlich viele Stuben erfuhren im 19. Jahrhundert eine kräftige Bemalung, die sich hauptsächlich in einer ständigen Variation des Motivs des Lebensbaumes an Decken-, Tür- und Kastenfeldern, aber auch an Uhrkästen offenbart. Ihre Signifikanz empfängt „la stüa" allerdings von den zahlreichen religiösen Ausdrucksformen. In vielen Stuben sind an zwei, selten an drei Ecken der Stube (und eine muss ja dem Ofen vorbehalten bleiben) Heiligenfiguren aufgestellt. Zwischen diesen befindet sich die Herrgottswand mit einem Bild des Papstes, flankiert von einer Herzjesu- und einer Herzmariadarstellung. So ein zentrales Deckenmedaillon vorhanden ist, findet sich das IHS-Signum, setzt sich der religiöse Grundton in gemalten Segenszeichen an der Stuben- und Kammertür fort. Die größte Bedeutung kommt aber unangefochten dem 2003 heiliggesprochenen Chinamissionar Josef Freinademetz zu. Von ihm gibt es unzählige – teilweise exotische – Darstellungen in figürlicher und bildlicher Form.

Bezirk Bruneck

Pustertal

S. 286: oben: bemalte Felderdecke mit noch sichtbarem Mittelstück, Gemeinde Vintl; unten links: geschmiedeter Türbeschlag mit geschnitztem Türfeld, Gemeinde Vintl; unten rechts: Ofenliege, Wandgetäfel mit gemaltem Fries und Wanduhr im Hintergrund, Gemeinde Vintl
S. 287: oben: geschnitztes Medaillon mit Inschrift und Jahreszahl, Gemeinde Vintl; unten links: kassettierter Pilaster mit abschließendem Kapitell, Gemeinde Vintl; unten rechts: geschnitztes Herz-Jesu Motiv an einem Wandkästchen, Gemeinde Vintl

Bezirk Bruneck

S. 288: oben links: Pilaster mit Kapitell und dahinter liegendem Schablonenband, Gemeinde Rasen-Antholz; oben rechts: geschnitztes Medaillon mit floralem Motiv, Gemeinde Rasen-Antholz; unten: keramischer Hochkantquader aus dem 1. Viertel des 19. Jahrhunderts, Gemeinde Rasen-Antholz
S. 289: Standuhr mit Zwickel im Hintergrund, Gemeinde Rasen-Antholz

Antholzer Tal

Bezirk Bruneck

S. 290: oben: zentrales Deckenfeld mit Hl. Geist, Gemeinde St. Lorenzen; unten links: Herrgottswand; Gemeinde St. Lorenzen; unten rechts: Zahnschnittfries mit darunter befindlichem Kapitell und Pilaster, Gemeinde St. Lorenzen
S. 291: Stubeneck mit gemauerter Halbtonne, Gemeinde St. Lorenzen

Pustertal

Bezirk Bruneck

S. 292: oben: geschnitztes Deckenfeld, Gemeinde St. Magdalena i. G.; unten: flurbeschürte Halbtonne mit Ofenliege, Gemeinde St. Magdalena i. Gsies
S. 293: oben: rundes Medaillon mit Hl. Geist, Gemeinde Sand in Taufers; unten links: Standuhr, Gemeinde Gais; unten rechts: Corpus mit Rosenkranz, Gemeinde Gais

Tauferer Tal

Bezirk Bruneck

S. 294: oben: bemalter Hl. Geist an der profilierten Felderdecke, Gemeinde St. Lorenzen; unten links: Wandgetäfel mit abschließendem Kranzbalken (Laubstabfries), im Vordergrund Standuhr, Gemeinde St. Lorenzen; unten rechts: Trinkgefäß („Tuttlkrug") auf der umlaufenden Stubenbank, Gemeinde St. Lorenzen
S. 295: Corpus mit Wundmalen, Gemeinde St. Lorenzen

Pustertal

Bezirk Bruneck

S. 296: oben: profilierte Felderdecke mit bemerkenswert geformtem Mittelstück, Gemeinde St. Martin in Thurn; unten links: Herrgottswand mit Segenszeichen, Gemeinde St. Martin in Thurn; unten rechts: Truhenmittelfeld mit gemaltem Motiv des Lebensbaumes, Gemeinde St. Martin in Thurn
S. 297: Stubeneck mit gemauerter Halbtonne und Ofenliege, im Hintergrund barocker Zwickel mit Schuber, Gemeinde St. Martin in Thurn

Gadertal

Bezirk Bruneck

S. 298: oben: Kreuzrippengewölbe, Gemeinde Wengen; unten links: mächtiges Kreuz mit Corpus im Flur, Gemeinde St. Lorenzen; unten rechts: Flur, Gemeinde Wengen S. 299: Schürloch mit gemauertem Kamin und Schürholz, Gemeinde Enneberg

Gadertal

Bezirk Bruneck

S. 300: oben links: Mittelstück mit Hl. Geist, Gemeinde St. Lorenzen; oben rechts: Corpus, Gemeinde St. Lorenzen; unten links: Ofenpolster, Gemeinde St. Lorenzen; unten rechts: hängendes Wandkästchen, Gemeinde St. Lorenzen
S. 301: Stubeneck mit gemauerter Halbtonne, Gemeinde St. Lorenzen

Pustertal

Bezirk Bruneck

S. 302: oben: gemaltes Deckenmedaillon, Gemeinde Enneberg; unten: Herrgottswand mit Maria- und Jesusbild. Gemeinde Enneberg

Gadertal

S. 303: oben: bemaltes Deckenfeld, Gemeinde Wengen; unten links: Standuhr, Gemeinde Wengen; unten Mitte: bemaltes Ständerende des Ofengestells, Gemeinde Wengen; unten rechts: bemaltes Türfeld, Gemeinde Enneberg

Bezirk Bruneck

S. 304: oben: Türbekrönung, Pilaster mit Akanthuskapitell, Mittelzwickel, Gemeinde St. Lorenzen; unten links: Jagdtrophäe, Gemeinde St. Lorenzen; unten rechts: Wandgetäfel mit bemerkenswerter Standuhr, Gemeinde St. Lorenzen

Pustertal

S. 305: oben: Medaillon in modifizierter Vierpassform und Hl. Geist, Gemeinde St. Lorenzen; unten links: Corpus, Gemeinde St. Lorenzen; unten rechts: zierlicher Türbeschlag, Gemeinde St. Lorenzen

Bezirk Lienz

Stubenkultur in Osttirol

Lediglich auf Grund der historischen Tatsache des „dies ater" vom 10. September 1919 in der Tiroler Geschichte wird der Bezirk Lienz unter dem Begriff „Osttirol" eigens behandelt, obwohl hinsichtlich der stubenkulturellen Merkmale selbstverständlich keine Veranlassung dazu bestünde, die Teilräume des Bezirkes Lienz nicht unter dem Begriff „Südtirol" darzulegen. Grundsätzlich treffen wir im Osttiroler Pustertal auf die gleich prägenden Stubenmerkmale wie im westlich angrenzenden Teilraum dieser geteilten Talschaft, bedeutet doch bereits die Gleichbenennung zu beiden Seiten der Landesgrenze eine sehr große stuben- und ofenkulturelle Parallelität. Charakteristisch für den Raum, gekonnt in der Ausführung ziehen die Deckenfelder die Blicke der Betrachter auf sich. Mögen die religiösen Motive bei den Deckenfeldern den floralen gegenüber leicht überwiegen, so sind es gerade die letzteren, die in der Kombination Blütenvariation und geometrisches Muster eine neue Leichtigkeit in die Tiroler Stube hineintragen. Die Blütenkelche finden sich immer in den Zwickeln der Deckenfelder und sind zum allergrößten Teil bemalt; im Kreuzungspunkt der beiden Diagonalen präsentiert sich die Blüte selbst. Bemerkenswerterweise lassen sich Blütenkelche auch bei jenen Deckenfeldern belegen, welche als Hauptmotiv die Dreifaltigkeit zum Ausdruck bringen. Spielen Kapitelle, Pilaster und Friese in der Stube in der Gesamttiroler Zusammenschau nur eine untergeordnete Rolle, so wird diese Behauptung im Osttiroler Pustertal geradezu widerlegt. Alle drei Gestaltungselemente können als fixer Bestandteil der Stubenkultur vor Ort gewertet werden, treten in großer Einheitlichkeit auf. Im Sinne der bäuerlichen Wohnkultur hat man ein besonderes Augenmerk auf die Ausgestaltung der Schlafkammern gelegt. Diese können in vielerlei Hinsicht (bei größeren Bauernhöfen) als Kopie der Stube betrachtet werden, finden sich in ihnen doch die gleichen Merkmale der Stube wieder: die gleichen Kapitelle und Pilaster, nur eine andere Farbgebung; der Kammerofen in gleicher oder unterschiedlicher Formgebung im Vergleich zum Stubenofen; das Deckenfeld in ähnlicher Größe wie jenes in der Stube, allerdings in der Kammer mit einem ausschließlich religiösen Motiv versehen. Hat sich bereits im Teilraum des Osttiroler Pustertales die gesamte Breite an Schönheit in den Stuben geoffenbart, so erfährt die Stube im Lienzer Becken keine wesentliche Erweiterung mehr hinsichtlich der Gestaltungselemente. Eine geringfügige Änderung ergibt sich hinsichtlich des Vertäfelungsgrades am Berg bzw. am Talboden. Liegende quaderförmige Blöcke in verkachelter Version aus der Zeit um den Ersten Weltkrieg bzw. etwas später und in geringer Zahl der gemauerte „Kärntner Grenzlandofen" im östlichsten Randbereich des Lienzer Beckens bereichern die Stubenkultur. Auch das Iseltal mit seinen Seitentälern folgt den bereits dargelegten Gepflogenheiten, weist ebenfalls prächtige Deckenfelder auf, die sich mit hauptsächlich religiösen Motiven lediglich durch eine kreisrunde Umrahmung der Deckenmedaillons von den umliegenden Teilräumen unterscheiden.

Bezirk Lienz

S. 308: oben: Deckenfresko, Gemeinde Virgen; unten links: vierfeldrige Stubentür, Gemeinde Virgen; unten rechts: geschnitzter Knauf am Ständer des Ofengestells, Gemeinde Virgen
S. 309: Stubeneck mit küchenbeschürter Halbtonne und Ofenliege, Gemeinde Virgen

Virgental

Bezirk Lienz

S. 310: Stubeneck mit küchenbeschürter Halbtonne und Ofenliege, Gemeinde Oberlienz
S. 311: oben: Medaillon mit Auge Gottes, Gemeinde Oberlienz; unten links: Standuhr, Gemeinde Oberlienz; unten rechts: Knauf am Ständer des Ofengestells, Gemeinde Oberlienz

Lienzer Becken

Bezirk Lienz

S. 312: oben links: kassettierter Pilaster mit Kapitell, Gemeinde Assling; oben rechts: Türschloss, Gemeinde Assling; unten links: Wanduhr aus dem 19. Jahrhundert, Gemeinde Assling; unten rechts: Trockenstange, Gemeinde Assling
S. 313: Stubeneck mit Deckenmedaillon, bestehend aus floralen Motiven, Gemeinde Assling

Pustertal

Bezirk Lienz

S. 314: gemauerte Halbtonne als Kammerofen, Gemeinde Heinfels
S. 315: oben: Deckenfeld in der Schlafkammer, Gemeinde Heinfels; unten: Waschgeschirr aus der Jahrhundertwende, Gemeinde Heinfels

Pustertal

Bezirk Lienz

S. 316: oben: zentrales Deckenfeld in Blütenform, Gemeinde Innervillgraten; unten links: kassettierter Pilaster mit Kapitell, Gemeinde Innervillgraten; unten rechts: Hl. Familie, Gemeinde Sillian
S. 317: Standuhr, Gemeinde Innervillgraten

Innervillgratental

Bezirk Lienz

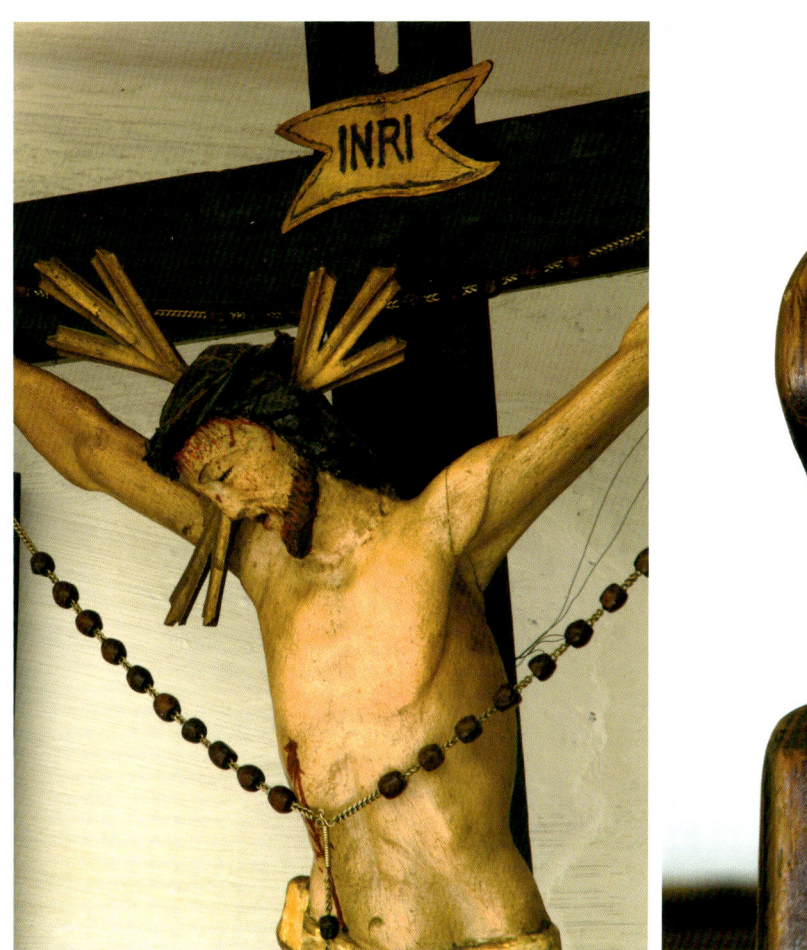

S. 318: Stubeneck mit gemauerter Halbtonne und Tür, Gemeinde Oberlienz
S. 319: oben links: Corpus, Gemeinde Oberlienz; oben rechts: Ofenliegenknauf, Gemeinde Thurn; unten: Tischplatte mit Intarsienarbeiten, Gemeinde Oberlienz

Lienzer Becken

Bezirk Lienz

S. 320: Medaillon mit bemerkenswertem Rahmen, Gemeinde Obertilliach
S. 321: florale Motive in den Zwickeln des Deckenfeldes, Gemeinde Obertilliach

Gailtal

Bezirk Lienz

S. 322: oben links: ornamentale Verzierung am Wandkästchen, Gemeinde Obertilliach; oben rechts: Knauf an der Ofenliege, Gemeinde Obertilliach; unten: Getäfel mit Pilaster und Kapitell, Gemeinde Obertilliach
S. 323: Stubeneck mit giebelförmigem Ofen

Gailtal

Bezirk Lienz

S. 324: Stubeneck mit gemauerter Halbtonne, Gemeinde Obertilliach
S. 325: oben: Medaillon mit Hl. Geist, Gemeinde Obertilliach; unten: Herrgottswand mit Herz-Maria und Herz-Jesu-Darstellung, Gemeinde Obertilliach

Gailtal

Bezirk Lienz

S. 326: Standuhr, Gemeinde Obertilliach
S. 327: oben: Vierpassrahmen mit IHS-Motiv, Gemeinde St. Johann i. Walde; unten: kassettierte Deckenprofile, Gemeinde St. Johann i. Walde

Iseltal

Querschnitte

Im Rahmen der „Querschnitte" sollen Unterschiede und Parallelitäten der nachstehenden Detailthemen zwischen Nord- und Südtirol dargelegt werden, in plakativer Weise soll die normative Kraft der Schönheit nochmals umfassend präsentiert werden.

Das Deckenfeld in Nord- und Südtirol

Religiöse Ausdrucksformen, florale Motive und geometrische Muster belegen die gestalterische Vielfalt der Deckenfelder in Nord-, Süd- und Osttirol. In beiden Landesteilen findet sich immer wieder das IHS-Monogramm in der Mitte des Deckenfeldes, vor allem in Südtirol dient diese Form des Schmuckfeldes, aber auch sogenannte leere Medaillons als passender Hintergrund für den von der Decke herabhängenden Heiligen Geist. Die Formen bei den Medaillonumrahmungen, die mit breiten und tiefen Profilen versehen sind, fallen unterschiedlich aus: quadratische, achteckige, gleitend-geschwungene, kreisförmige und halbkreis-förmig-geschweifte; natürlich auch der Vierpass als klassische Form der Medailloneinrahmung findet sich variantenreich in vielen Stuben zu beiden Seiten des Alpenhauptkammes.

Die Kachel in Nord- und Südtirol

Von der Renaissance bis zur Jugendstilepoche und darüber hinaus finden sich Ofenkacheln im Tiroler Bauernhaus. Rund 400 unterschiedliche Muster konnten im Rahmen des Projektes erhoben werden. Diese Zahl mag dem Leser mit gutem Recht als äußerst hoch erscheinen, sodass geradezu der Eindruck entstehen könnte, dass die Tiroler Bauernstube als gekacheltes Eldorado zu bezeichnen wäre. Dem ist natürlich nicht so. Vorrangig zu bedenken gilt es, dass der Verwendungszusammenhang, in welchem die Kacheln stehen, doch nicht nur auf den bäuerlichen Stubenofen beschränkt ist. Über den Stubenofen hinaus findet man sehr schöne Kacheln an Wärmewänden, Kammerwärmewänden und vor allem an Kammeröfen. Abgesehen von den Kachelmustern des Historismus und der Jugendstilepoche lassen sich ältere Muster lediglich ein bis zweimal belegen. Die an dieser Stelle abgebildeten Kacheln stellen lediglich einen repräsentativen Überblick dar und erheben keinen Anspruch auf Vollständigkeit. Anbei sei auch erwähnt, dass die geringe Anzahl von 6 Kachelmustern als „transalpin" zu bezeichnen ist. Diese sechs Muster sind ausnahmslos der Epoche des Historismus zuzurechnen. Somit eine belegende Tatsache, wie weit die Model durch das Land gewandert sind oder wie häufig Industriekacheln abgegossen worden sind. Bereits die einfache Tatsache der Glasurfarbe ermöglicht eine teilweise Zuordnung der Kachel an einen bestimmten Raum: so zum Beispiel gibt es das typische Gelb für das Nordtiroler Unterinntal, das typische Braun für weite Teile des Bezirkes Reutte, das typische Hellgrün der Sfruzer Öfen im Bozner Unterland und Überetsch.

Der Türbeschlag in Nord und Südtirol

Die formenreich geschmiedeten Türbeschläge sieht man nicht gleich beim Betreten der Stube, dennoch gelten auch sie als Synonym für besonders kunstvoll gestaltete Stuben. In der einfach gehaltenen Stube finden sich hauptsächlich variantenreiche Formen des sogenannten Schlangenkopfbeschlages. Tropfenförmige, ankerförmige, blütenförmige, zinnenförmige, durchbrochen-rechteckige Formen belegen auch bei diesem Thema den Ideenreichtum der Tiroler Schmiedemeister.

Pilaster und Kapitelle in Nord- und Südtirol

In der weit überwiegenden Anzahl aller Stuben wird das Getäfel durch Profilleisten gegliedert; Pilaster, Kapitelle und Friese trifft man bei gleicher Gliederungsfunktion in besonders schön gestalteten Stuben; von einer großen Motivvielfalt kann grundlegend nicht gesprochen werden. In Südtirol findet man deutlich mehr Stuben, denen das Prädikat „besonders wertvoll" im Sinne des vorliegenden Blickpunktes verliehen werden kann.

von oben nach unten und von links nach rechts:
Ischgl, Flirsch, Kappl, Ischgl, Fiss

von oben nach unten und von links nach rechts:
Obertilliach, Lajen, Vahrn, Enneberg, St. Leonhard

von oben nach unten und von links nach rechts:
Umhausen, Imst, Absam, Weißenbach, Thaur, Brandenberg, Kirchbichl, Silz

von oben nach unten und von links nach rechts:
Vahrn, Tramin, Laas, Eppan, Bruneck, Rasen-Antholz, Eppan, Montan

von oben nach unten und von links nach rechts:
Silz, Tux, Silz, Elbigenalp, Ötz, Sölden, Ischgl, Pfunds, Tulfes, Serfaus

von oben nach unten und von links nach rechts:
Rasen-Antholz, Kastelruth, Wiesen-Pfitsch, St. Lorenzen, Sterzing, Rasen-Antholz, Prad, Lajen, Ratschings, Montan

von oben nach unten und von links nach rechts:
Ötz, Silz, Ischgl, Umhausen, Ötz, Pfons

von oben nach unten und von links nach rechts:
Vintl, Rasen-Antholz, Laas, Sterzing, Mals, Völs a. Schlern

Nachwort

Den Leser wird vermutlich auch die Frage, auf welche Art und Weise Text und Bild entstanden sind, interessieren. Immer wieder wird im Allgemeinen der nicht ganz unberechtigte Vorwurf erhoben, dass Behauptungen aufgestellt, aber schlüssige Beweise/Argumente nicht vorgelegt werden. Gerade im volkskundlichen Bereich wird oft von einzelnen musealen Stücken auf das Ganze geschlossen. Dass dabei Regionaltypisches und museale Schönheit nicht immer deckungsgleich sind, versteht sich von selbst. Um gesicherte Ergebnisse zu erhalten, bleibt dem Forschenden nur eines übrig: sich auf Wanderschaft zu begeben. In diesem Falle ist es ein sehr langer Weg geworden, der mich in rund 15 Jahren über 150.000 km durch Nord-, Ost- und Südtirol geführt hat. 1.650 Erhebungsblätter mit je 29 Grundtaten sind bei diesen Reisen durch das Land angelegt worden, ergeben somit ein dicht gesponnenes Netz an regionaltypischer Information, aus der sich die Texte ableiten, aus denen sich das Raumbild des „Landes im Gebirge" zusammensetzt. Immerhin sind von den 395 Gemeinden in Nord-, Ost- und Südtirol 334 stubenmäßig erfasst, sodass von einer geographischen Ausgewogenheit gesprochen werden kann. Rund 19.000 Bilder dokumentieren die Einmaligkeit der gewachsenen Tiroler Stubenkultur, von denen natürlich nur ein kleiner Teil in Form des vorliegenden Buches zur Veröffentlichung gelangt. Die hier dargelegten statistischen Fakten bedeuten ein sehr großes Maß an (erfüllter) Arbeit, deren Lohn sich in einer einmaligen Zusammenschau (wie schön ist doch unser Land Tirol!) niederschlägt, die den Blick für die typischen Merkmale und die wesentlichen Proportionen der Tiroler Hauslandschaft schärft. Jede Bestandsaufnahme kann natürlich nur eine Momentaufnahme sein und man ist meiner Meinung nach gut beraten, wenn man Ergebnisse – egal wie sie sich präsentieren – nicht verabsolutiert. Meine Erhebungsarbeit war und ist von der Intention getragen, Vielfalt, Ideenreichtum und Ästhetik der Tiroler Volkskunst zu dokumentieren, die meiner Meinung nach von nachfolgenden Generationen nicht mehr in ihrer Unmittelbarkeit erlebbar sein werden.

Literaturangabe

Bader, Ursula, Von Truhen und Kästen, Innsbruck 1998

Colleselli, Franz, Bauernmöbel in den Alpen, Innsbruck 1968

Colleselli, Franz, Ötztaler Bauernmöbel, in: Tiroler Heimatblätter, Heft 1/12, Innsbruck 1970

Colleselli, Franz, Enneberger Truhen im Tiroler Volkskunstmuseum, in: Tiroler Heimatblätter, Heft 7/9, Innsbruck 1956

Keller, Wilfried, Politische Bezirke und Gerichtsbezirke zu Jahresende 1910, in: Begleittexte zum Tirol Atlas, Heft 3, Innsbruck 1976

Radinger, Karl, Das Inntaler Bauernhaus und seine Möbel, in: Deutsche Alpenzeitung, München 1913

Radinger, Karl, Der Alpbacher Möbelstil, in: Werke der Volkskunst, Wien 1914

Rauter, Otto, Häuser, Höfe, Handwerkskunst: Bäuerliche Kultur im Zillertal, Innsbruck 1981

Ringler, Josef, Tiroler Hafnerkunst, Innsbruck 1965

Ringler, Josef, Tiroler Bauernmöbel – die Brandenberger Gruppe, in: „Volk und Heimat" (Geramb-Festschrift), Graz 1949

Ringler, Josef, Das Alpbacher Haus und seine Möbel, in: Tiroler Heimatblätter, Heft 7/9, Innsbruck 1956

Rudolph-Greiffenberg, Martin, Entstehung und älteste Gestaltung der Stube in Südtirol, in Tiroler Heimatblätter, Heft 7/12, Innsbruck 1953

Stampfer Helmut, Die Bauernhöfe Südtirols, sieben Bände, Bozen 1990–2007

Weingartner, Hans, Bäuerliches Bauen in Tirol, in Tiroler Heimatblätter, Heft 4/6, Innsbruck 1958

Wopfner, Hermann, Bergbauernbuch, drei Bände, Innsbruck 1995–1997

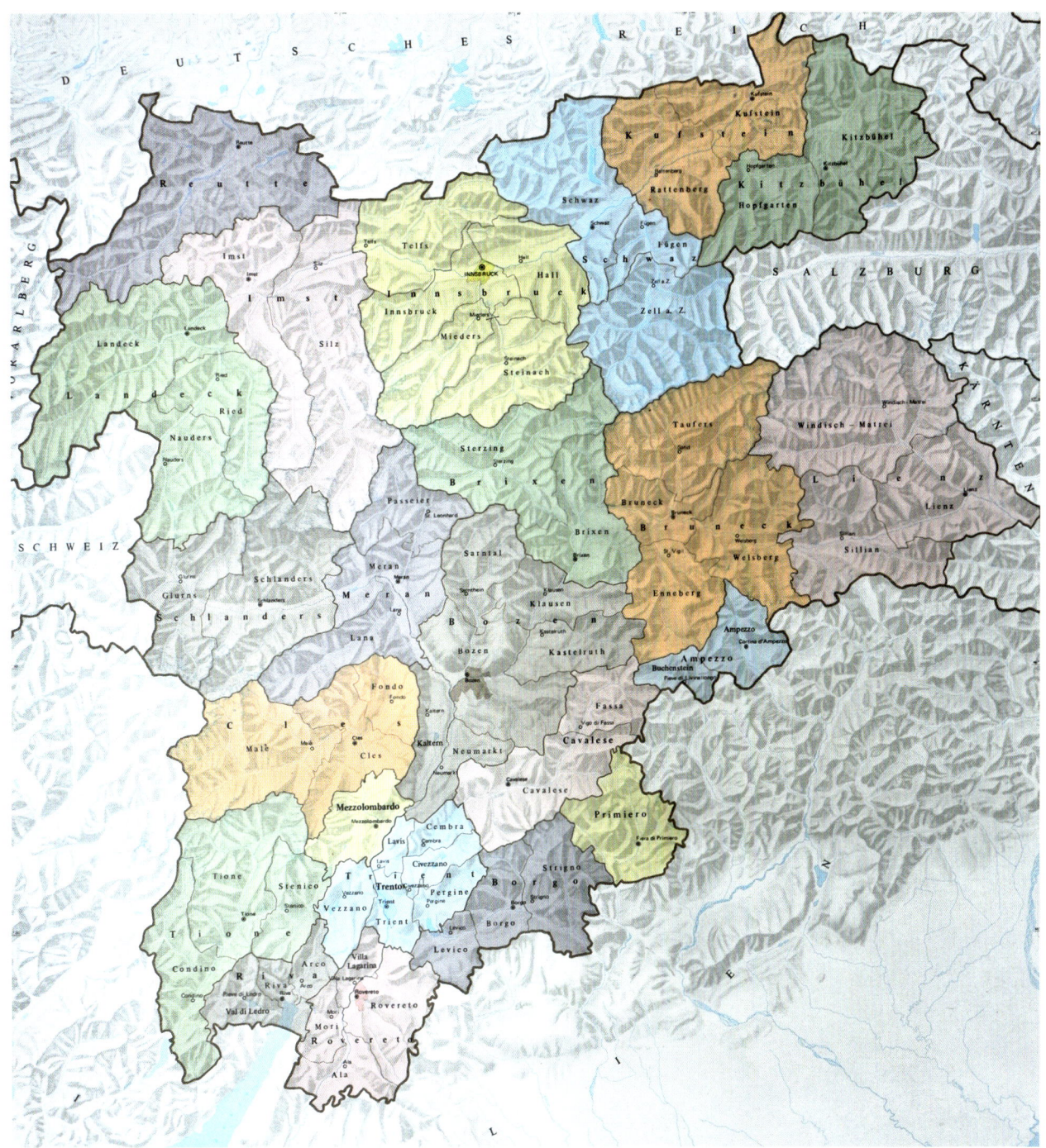

Vorlage aus dem Tirol-Atlas: Verwaltungsgliederung 1910, Blatt F13